打动人心
电商文案策划与视觉营销

张国文／著

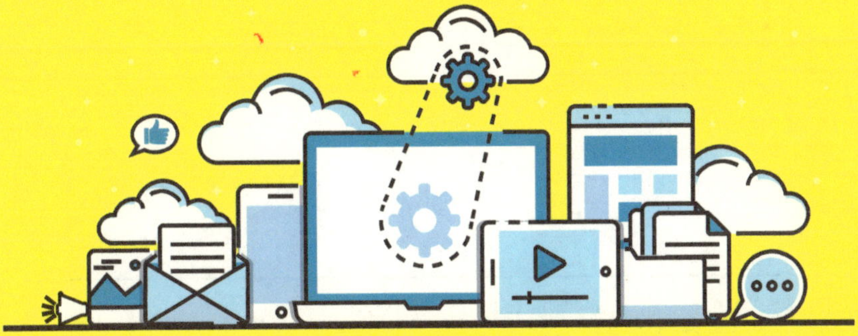

人民邮电出版社
北京

图书在版编目（CIP）数据

打动人心：电商文案策划与视觉营销 / 张国文著
. -- 北京：人民邮电出版社，2017.12（2020.1重印）
ISBN 978-7-115-45903-9

Ⅰ．①打… Ⅱ．①张… Ⅲ．①电子商务－策划－写作
②电子商务－网站－设计 Ⅳ．①F713.36②H152.3
③TP393.092

中国版本图书馆CIP数据核字(2017)第184601号

内 容 提 要

　　本书详细介绍了电商视觉营销的设计要素，还深入剖析了电商文案的策划写作技巧和视觉营销技巧，并从人们熟悉的吃、穿、住、行4个领域中精选案例，进行电商文案深度分析和视觉营销技巧解读，让读者在学习过程中丰富自己的文案思路，提高电商文案创造能力，让读者学会如何"一句话"打动用户，如何"一幅图"形成购买。

　　本书结构清晰，案例丰富，实战性强，适合电商从业人员阅读，也可以作为电商文案营销和电子商务专业的教材，供学生和教师阅读参考。

◆ 著　　　　张国文
　　责任编辑　恭竟平
　　责任印制　周昇亮

◆ 人民邮电出版社出版发行　　北京市丰台区成寿寺路 11 号
邮编　100164　　电子邮件　315@ptpress.com.cn
网址　http://www.ptpress.com.cn
北京虎彩文化传播有限公司印刷

◆ 开本：700×1000　1/16
印张：14.75　　　　　　　　2017 年 12 月第 1 版
字数：288 千字　　　　　　2020 年 1 月北京第 11 次印刷

定价：59.80 元

读者服务热线：(010)81055296　印装质量热线：(010)81055316
反盗版热线：(010)81055315
广告经营许可证：京东工商广登字 20170147 号

前言

什么是电商文案？

什么是电商视觉营销？

电商视觉营销为什么越来越火爆？

如何写出优秀的电商视觉文案？

什么样的文案才是优秀的电商视觉文案？

什么电商行业适合做电商视觉营销文案？

作为电商的前沿发烧友，我们特意精心策划并编写了这本接地气的电商视觉营销文案图书，供大家学习和参考。

本书不仅详细介绍了电商视觉营销的基本概念、电商视觉营销的5大文案、消费者为何会选择电商购物、详情页视觉文案等，还融入了丰富的示例介绍电商视觉文案的制作方法，本书的特色如下：

（1）**内容全面**：电商视觉文案的理念、方法、优秀示例，应有尽有！

（2）**案例经典**：150多个经典实例，详细解读优秀电商的营销技巧！

（3）**讲解详细**：深入浅出地讲解文案与营销过程，全盘讲解电商奥秘！

（4）**边学边用**：书中内容图文并茂，形象生动，读者可以边学边用！

本书共分为9章，具体包括：你可知电商视觉营销5大文案；视觉营销优化方法；电商该如何制作优秀文案；剖析消费者痴迷网购的原因和消费者类型；优秀文案是怎样出炉的；一句话、一幅图直达营销核心；文案创意写作从首页开始；必不可少的详情页视觉文案；电商视觉营销优秀案例大放送。

由于作者知识水平有限，书中难免有错误和疏漏之处，恳请广大读者批评、指正。

目录 Contents

第1章　你可知电商视觉营销5大文案

第2章　视觉营销优化方法

第3章　电商该如何制作优秀文案

第 4 章　剖析消费者痴迷网购的原因和消费者类型

第5章　优秀文案是怎样出炉的

第6章　一句话、一幅图直达营销核心

第7章 文案创意写作从首页开始

第1章

你可知电商视觉营销5大文案

随着互联网的兴起，电商行业也蓬勃发展，很多企业纷纷踏入电商领域。随着时间的推移，电商企业发现了电商视觉营销的妙处，即从消费者视觉角度着手，将图片和文案相结合，营销效果非常显著。本章将介绍电商视觉营销和电商视觉营销文案的概念。

>>> 什么是电商视觉营销
>>> 电商视觉营销5大文案

1.1 什么是电商视觉营销

电商视觉营销，顾名思义，是电子商务和视觉营销的结合体，是电子商务企业利用视觉上的冲击，来捕获消费者的注意力。

1.1.1 电商视觉营销的定义

电商视觉营销是指电子商务企业在消费者的视觉感官上下功夫，引起消费者的共鸣，使之对产品产生深刻的认同感，从而达到营销的目的。

对于电商来说，电商视觉营销的关键在于店铺整体设计和宝贝详情页的完善，充分利用视觉冲击、色彩调和、页面布局等来吸引消费者，从而促成交易。

常见的电商视觉营销会利用干净的版面让消费者拥有舒服的感觉，用吸引人的图片配上符合产品理念的文案，告知消费者产品的理念、产品的特点以及消费者在店铺里能得到什么等。

例如，某一卖服装的电商店铺，在首页上以"卡路里情报局"为主题，以"体操""马甲线""腹肌"为点缀，将它们串成简单、精美的文案，来向消费者传递夏天到来了、店铺新品上市了等消息，并搭配具有特色的图片，给消费者心里留下鲜明的品牌形象和产品风格印象。极具个性和档次的产品特写，目的清晰、设计别致的主题海报，这些正是精细化的视觉营销手段，让众多消费者为之吸引，如图1-1所示。

▲ 图1-1 电商视觉营销案例

简单来说，电商视觉营销的本质是以视觉为手段，以营销为目的，而所有的视觉效果则是营销目标的前提。所以，一个电商网站要使自己获得收益，就不能让消费者进入网站后摇摆不定、漫无目的，或者给他们太多无特色的选择，这都会降低消费者对网站的兴趣以及点击率。

电商视觉营销一定要最大限度地促进产品、服务与消费者之间的联系，利用视觉的冲击来提升品牌的形象及其文化内涵，最终促进销售。

1.1.2 电商视觉营销的重要性

在电商销售中，商品是通过网站来呈现的，消费者只能通过视觉来判断产品好坏、是否适合自己、要不要购买等，因此，网站的视觉效果对消费者的影响占比为100%。

电商视觉营销的目的是引起消费者的注意，激发消费者的兴趣，刺激消费者的购买欲望，促使消费者采取购买行为，如图1-2所示。

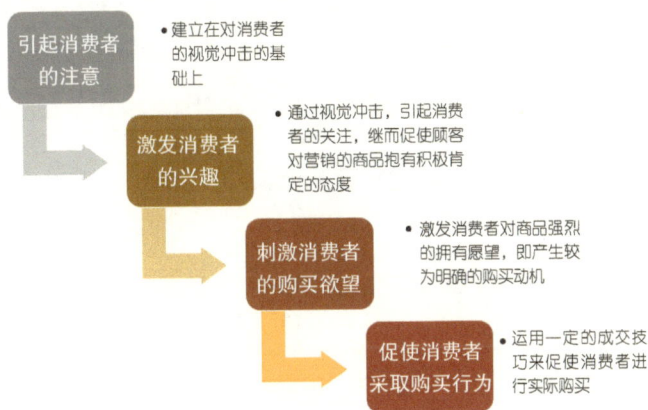

▲ 图1-2 电商视觉营销的目的

💡 **专家提醒**

科学分析论证表明：人的五感中对人的思维判断影响最大的就是视觉，占比为83%，剩下的17%包括听觉、触觉、嗅觉等。由于电商产品不能让消费者亲身体验以及触碰，就只能用视觉来感受产品的好坏，所以，电商视觉营销尤为重要。

由电商视觉营销的目的可以看出，色彩、图像、文字等一切可以产生视觉效果的载体，都能对消费者造成一定的视觉冲击。

而对电商企业来说，电商视觉营销是非常重要的营销手段，它可以在增加电商网站和产品吸引力的同时，提升流量的转化和成单量，让电商网站的有效流量转变为真实流量。

如果想要将电商产品销售出去，首先必须要了解电商视觉营销的重要性，如图1-3所示。

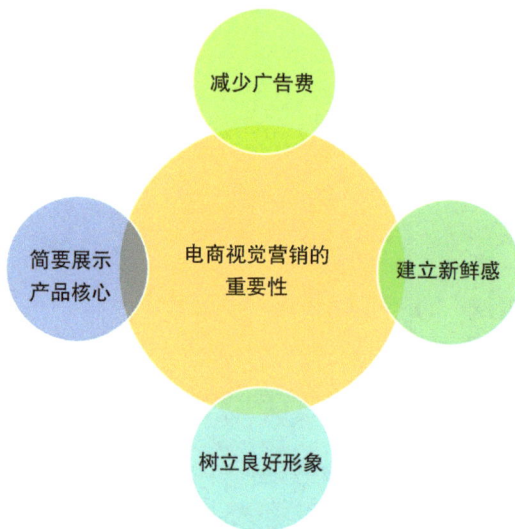

▲ 图1-3 电商视觉营销的重要性

1．减少广告费

随着电子商务的快速发展，网店逐渐增多、产品渐趋繁杂，使得消费者的选择多了，而电商企业的压力也越来越大，电商企业若要突破重围，又不想花费过多的广告费，就只能靠网店的装修布局来吸引消费者的注意力，即**只有依靠电商视觉营销，才能实现既减少广告费，又吸引消费者的注意力的目的**。

2．建立新鲜感

如果一个电商网站针对视觉效果进行创新，并不定期地进行视觉更新，更容易引起消费者的兴趣，使消费者产生新鲜感，引导消费者不自觉地去关注该网站的内容。

3．树立良好形象

电商视觉营销不仅能缔造网店的"引力磁场"，吸引消费者的关注，唤起消费者的兴趣与购买欲，还能延长消费者在网店停留的时间，促进销售，并能在消费者心目中树立起良好的店铺形象。

4．简要展示产品核心

电商视觉营销可以利用产品图片与文案，将两者融合成一张美观、个性的产品宣传图片，消费者可以通过产品宣传图片，快速了解产品的主要性能、类型、特点等信息，进而判断这是否是自己需要的产品、是否要购买。

1.1.3　电商视觉营销策略

对电商网站或店铺来说，**精细化的视觉营销与交互设计是电商视觉营销策略中最重要的一点**。那么，到底什么是精细化的视觉营销呢？什么是交互设计呢？它们之间又有什么关系呢？如图1-4所示。

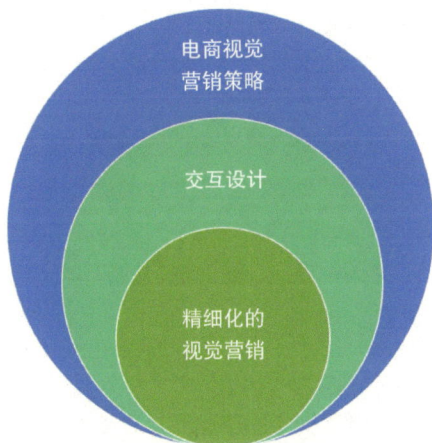

▲ 图1-4　精细化的视觉营销与交互设计的关系

1．精细化的视觉营销

精细化的视觉营销是指综合考虑图片上的**主色调、模特、灯光、货架、过道、装饰、背景等小细节**，不放过任何小细节，只要是能放大视觉效果的因素，都将它转化为最舒适的视觉效果。

2．交互设计

交互设计是指利用**简洁的文字和风格相同的图片进行网站或店铺整体设计**，使整体页面协调，统一步调，避免杂乱无章，进而打造出吸引消费者的事物，来激发消费者的渴求。

总之，电商企业只要抓住电商视觉营销最重要的策略，就能吸引消费者的眼球，使他们长时间地停留在网站或店铺页面，引导消费者购买产品，产生利润。

1.1.4　电商视觉营销与文案的关系

电商视觉营销与文案是相辅相成的，谁都不能离开谁，如图1-5所示。

▲ 图1-5 精细化的视觉营销与交互设计的关系

1. 延伸

电商视觉营销与优美的文案相搭配，是对各自的延伸，可以让消费者扩展遐想空间，形成较为全面的产品画面。

2. 多而不腻

有些人认为，如果电商视觉营销中的产品图片和文案在一起会显得有些重复，其实不然，图片有了文案的搭配才会显得层次分明，而原本枯燥的文案因为图片显得更有生气，图片与文案的内容环环相扣，有头有尾。

3. 增添趣味性

电商视觉营销中的产品图片与文案搭配在一起，还可以互添趣味性，比如插画、漫画等，如果缺少了文字，很难知道它们要表达什么，如果文字缺少了图片，则失去了生气以及阅读的乐趣，两者任缺其一，都将失去趣味性。

4. 精简主题，准确表达

简短精准的文案搭配视觉效果强的图片，能使主题一目了然地呈现在消费者的面前，并且能将主题准确无误地表达出来，使消费者更加深入了解产品的特征，达到促进营销的目的。

1.2 电商视觉营销5大文案

在电商行业中，最常见的就是卖点营销文案、痛点营销文案、促销营销文案、活动营销文案、产品营销文案5大电商视觉营销文案。

1.2.1 卖点营销文案

卖点营销文案，就是利用产品卖点来吸引消费者，使消费者在看到具有卖点的图片后，就能迅速找到购买这个产品的理由。

卖点营销文案一定要在两句话之内说清楚，千万不要用过多的文字去诠释卖点，这样会让消费者失去阅读耐心，也就很难产生太强烈的购买欲望，总之，要做到用少量的文案，直冲消费者的心房，让他们无法抗拒购买欲望。

对于电商企业来说，使用卖点营销时，一次性不要放置太多的卖点，最好是选择一个最吸引人、最核心的卖点，这样才不会显得杂乱，还能具有一定的说服力。

例如，"××活塞耳机，99元听歌神器"中以"听歌神器"为卖点，突出消费者在欣赏歌曲时，拥有一种舒适、愉快的感觉，刺激消费者的购买欲望，如图1-6所示。

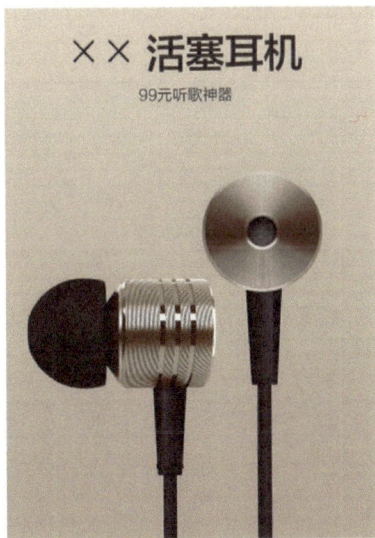

▲ 图1-6 卖点营销文案案例

很多电商企业在制作卖点营销文案时，常常会陷入"最"的误区，总以"第一""最好""最耐用"等词汇来突出产品的卖点，这样并不能冲击到消费者的心理防线，只会让消费者产生"真的是最好的吗？""真的耐用吗？"等疑问，下面就来讲6种最基本的卖点营销文案写法。

1. 打破传统思维

所谓的打破传统思维，就是不随波逐流，通过反向思维去诠释卖点。当所有企业都强调自己是第一的时候，如果说自己排名第二，也许会取得不同凡响的效果；当其他企业都说自己的产品是最好的时候，如果指出产品在怎样的情况下是不好的，也会出人意料地引起消费者的注意，如图1-7所示。

我是华丽的、温馨的房子

传统思维

我虽不是华丽的房子却不失温馨

非传统思维

▲ 图1-7　传统与非传统思维

由此可见，非传统思维的文案比较含蓄，可以让消费者很舒适地接收其中的文字信息，而传统思维的文案具有太强的植入性，并且毫无新意，反而容易使消费者产生抵触心理。

所以，逆向思维突破常规，更容易吸引消费者的注意力，也能更好地使自己的产品与同类产品产生区别，便于消费者在众多的同类产品中识别出自己的产品。

例如，××英语以"专注英语教学14年"为卖点，就突显了其英语教学资历，让想学英语的消费者更倾向于去那里学习英语，如图1-8所示。

▲ 图1-8 打破传统思维的文案案例

2. 制造励志句子

人们总是习惯性地去注意一些成功人士的故事，或者容易对一些不同寻常、不可思议的事件产生兴趣，如果电商企业制造励志文案，则会很容易引起消费者的关注，如"他53岁开始学习英语，成效惊人""她是如何进入渣打银行工作的？3天，迅速拿到外企offer！"等。普通文案与励志故事文案对比，效果完全不同，如图1-9所示。

▲ 图1-9 普通文案与励志故事文案

在这类案例中，比较常见并且效果经久不衰的当属减肥励志故事了，这种励志故事是很多人无法拒绝的，不管是处于肥胖期的消费者，还是并不胖的消费者，都会想知道别人是怎样减掉脂肪，告别过去的。

　　除了减肥励志类的故事文案之外，一些有关学习、职场、生活的励志文案也很容易激起读者的共鸣，如图1-10所示。

▲ 图1-10　励志文案案例

3. 用修辞手法衔接

电商企业可以运用比喻、夸张、拟人等修辞手法，将某一事物的特点与另一事物自然地关联起来，打造新鲜的视觉效果，博得消费者的会心一笑，这也是吸引消费者的一种文案手段。

例如，"遮成'白眼圈'？不如大胆晒！防晒'小金瓶'，有它不用躲！""如果买卖厚道是犯2，我以2为荣"，这2则用修辞手法衔接的文案，前一则利用了夸张手法，体现出了防晒霜的防晒效果，后一则利用了拟人手法，以"犯2"来突出"2天""2折"，以"买卖厚道"突出"诚信原则"，如图1-11所示。

▲ 图1-11　用修辞手法衔接的文案案例

4. 设问式自答

选取人们熟悉的话题进行发问，通过引发大家的思考来激发其对品牌或产品的共鸣，也能给人留下深刻的印象。

例如，"人民币一块钱在今天还能买点什么？或者，也可以到××会计培训听10次课"就是典型的提出问题，然后在图片的某一处回答问题的文案，如图1-12所示。

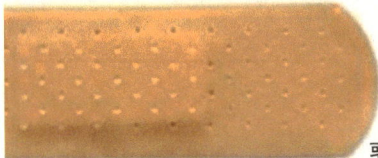

▲ 图1-12　设问式自答文案案例

5. 利用热点话题

在如今这个信息大爆炸的时代，热点话题往往是一段时间内大多数人关注的焦点，**将卖点文案与当下流行的热点话题通过某些特质相联系，可以凭借热点话题的关注度，吸引消费者的眼球。**

例如，"舌尖上的装修，品味轻舟菜单"利用了记录片《舌尖上的中国》的火爆，来为某家装公司做宣传文案，如图1-13所示。

▲ 图1-13　利用热点话题文案案例

> 💡 **专家提醒**
>
> 　　电商企业在选择热点话题时，千万不要选择过时的，应选择当下最热门的话题，才能提高关注度。

1.2.2　痛点营销文案

选择痛点营销文案，必须站在消费者的角度想问题，罗列出消费者会面临的问题，从这些问题入手，将问题的解决方法和产品融入在文案里，才能写出一个比较好的痛点营销文案。

很多电商企业都不知道怎样抓住消费者的痛点，很多时候都是靠文案制作者"昙花一现"的灵感。其实电商企业要想写出痛点营销文案，只要从以下4个方面结合产品展开思维联想即可，如图1-14所示。

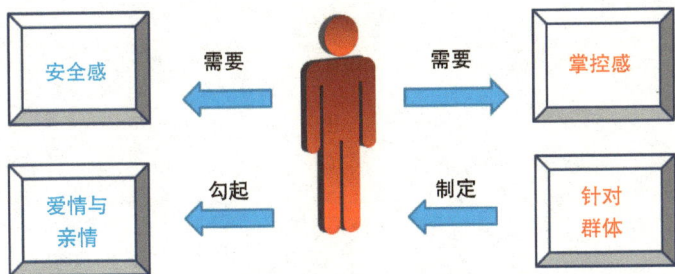

▲ 图1-14　4大痛点思维联想

1. 安全感

安全感是消费者最基本的心理需求，把产品的功用和安全感结合起来，才能让消费者感到舒心，直击消费者的"痛"处。

2. 爱情和亲情

爱情和亲情是人类最大的需求和欲望，若要将产品与爱情相结合，可以从消费者懵懂的初恋入手，如关于苹果的痛点营销文案可为"甜过初恋"；若要将产品与亲情相结合，可以从亲人逐渐老去入手，如关于相机的痛点营销文案可为"以前是她记录你长大的每一瞬间，如今由你留住她那宝贵的时光"。

3. 掌控感

随着时代的进步，人们越来越向往自己能掌控生活的方式，这种掌控感不仅是对自己生活的一种支配，也是对生活的自信，如果电商企业在文案中带入"我的生活我做主""××产品由你支配"等文字内容，很容易引起消费者的共鸣。

4. 针对群体

电商企业可以通过划分群体让消费者自动"对号入座"，如可以从成功人士、时尚青年、家庭主妇、十二生肖等诸多形容人的群体标签着手。

例如，某房地产公司借助十二生肖性格特点将消费者的典型购买心理划分为12种，并将车位、配套设施等项目属性价值对应12种典型人群的购买预期，用动物的性格特征配合口语化的文案，还原购买行为真相，如图1-15所示。

💡 专家提醒

找寻痛点不只有上面4种方式，还有其他的方式，痛点需要自己去挖掘，值得注意的是，在挖掘痛点之前，一定要将产品了解清楚，要挖掘契合产品某一特性的痛点。

▲ 图1-15　以十二生肖所展开的痛点营销示例

1.2.3　促销营销文案

　　促销营销文案，就是将促销活动设计成文案来吸引消费者。消费者在看到具有诱惑力的促销图片后，若促销力度大，基本上不会拒绝购买此类产品。下面来看几个营销文案，如图1-16所示。

▲ 图1-16 促销营销文案示例

通过上面几则促销营销文案示例可知：

- 促销信息字眼要突出；
- 促销信息一定要真实；
- 可以加一点创意；
- 促销营销文案一定要让消费者感觉到"超值""划算"；
- 适当加上时间限制，让有欲望购买的消费者产生紧迫感。

1.2.4　活动营销文案

对于电商来说，活动是打响品牌和提高销售量的重要方法之一，电商企业在制作活动营销文案时，不要太过仔细地描述活动内容，只要提及核心内容即可。下面就来看几则活动营销文案，如图1-17所示。

全场5折为活动营销主题

以"父亲节"为主题，进行男装满500元减100元的活动

▲ 图1-17　活动营销文案示例

通过上面几则活动营销文案示例可知：

- 活动营销文案的核心内容要突出；
- 简要介绍活动内容；
- 可以加一点创意；
- 活动营销文案一定要让消费者感觉到"超值""划算"；
- 适当加上时间限制，让有欲望购买的消费者产生紧迫感。

1.2.5　产品营销文案

　　产品营销文案在电商中的应用非常广泛，它虽然也是与图片相结合，但重在直接扣住产品特点。产品营销文案一般没有字数限定，但最好是在30个字以内，这样可以避免消费者失去耐心。下面来看几则产品营销文案，如图1-18所示。

简洁多彩
的通知提醒

Razer Nabu X 通过可自定义的LED灯和
腕带振动，提醒来电、邮件、短信、微
信及其他手机APP通知，这意味着你可
以放心地专注其他事项，而无需经常性
查看手机。

可自定义
的LED

目标指示灯

振动

轻一点，
轻薄不厚重

草本分子质地轻盈，给肌肤带来水漾轻薄触感，
犹如一层薄薄的肌肤"防护衣"。

▲ 图1-18　产品营销文案示例

通过上面几则产品营销文案示例可知：

- 文案要能够描述产品的核心功能或典型使用情景；
- 文案需具有可读性；
- 文案语气需注意，慎用疑问；
- 文案设计要具有情感化特征；
- 文案设计要有阅读层次性，以渐进式的文字设计引导用户认知产品，以标题文字为核心，以内容解释文字为展开基础。

💡 专家提醒

　　不管是哪种类型的营销文案，都要与图片所表达的情景相符合，要从消费者的需求、可能遇到的问题等出发，才能制作出一个好的营销文案。

第2章

视觉营销优化方法

电商视觉营销主要是从图片着手，只要图片够清晰、有创意、色彩搭配得当，那么电商视觉营销效果绝不会差。所以，本章围绕视觉营销优化，主要讲解主图、直通车图、广告图的优化方法。

学前提示

要点展示

>> 关于主图的基本认识
>> 主图优化的 9 种方法
>> 直通车图的基本认识
>> 直通车图优化规范
>> 广告图优化

2.1 关于主图的基本认识

在电商中展示在消费者眼前的产品图片，称之为主图，主图就是产品的"脸"，因此在主图上有关包邮或优惠的信息要展示得一目了然，而多余的边框和超过3种的字色或字体则会影响视觉美感，进而造成客户流失，下面我们来看一下主图的构图和主图制作的误区。

2.1.1 主图的构图

在电商中主图的常用构图方式有9种，包括直线式、三角式、对角式、渐隐式、扇形、框架式、层叠式、重叠式、局部式，只有掌握了这9种构图方式，才能进一步进行主图的优化，以对电商视觉营销起到一定的美化作用。

下面来看几则主图构图示例，如图2-1所示。

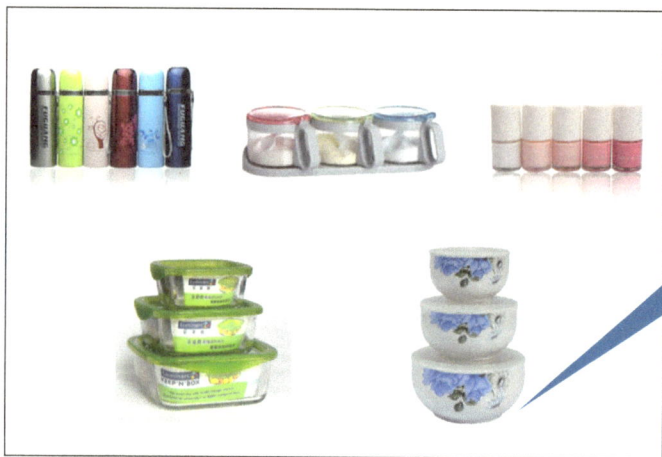

直线式构图，将产品排成一排或一列体现出产品的层次性

三角式构图，将产品排成三角形，形成稳定结构，契合消费者的视角习惯

对角式构图，将产品以对角线的形式一字排开，突显出产品的层次感

渐隐式构图，呈现出产品虚化的状态，给消费者一种神秘的美感

扇形构图，将产品像扇子一样排列，使产品图显得不呆板

平均分配构图

框架式构图，分为两种：平均分配构图和不对称构图

不对称构图

层叠式构图，将产品层层叠在一起，突显出产品层次分明的质感

重叠式构图，将产品重叠在一起，体现出产品的厚度

局部式构图，展现产品的某个角度，利用细节来突出产品的特性

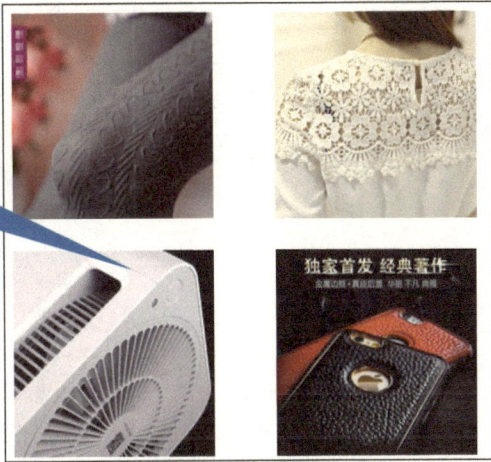

▲ 图2-1 主图构图示例

2.1.2 主图制作的误区

很多电商企业喜欢将主图弄成花枝招展的样子，陷入了文案的颜色与图片背景色不协调、图片尺寸不符合、促销文案太多等误区，如图2-2所示。

背景图片太花哨，不能突出产品，出现了本末倒置的现象

无需加边框，如想加边框也不要选择与图片背景色相冲突的边框色，边框也无需加粗

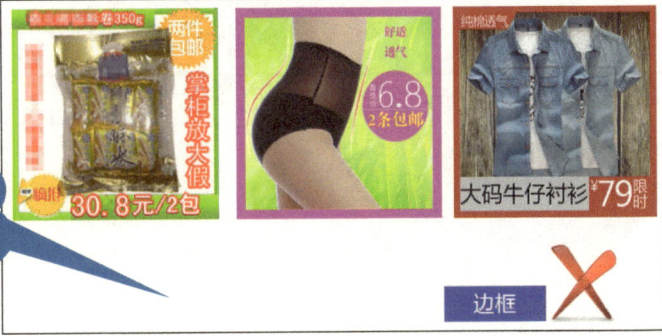

主图图片尺寸需要一样大，商品主图的尺寸：700 像素 × 700 像素以上、500 KB 以内

不规则图片 ✕

图片光线不能太暗，应该将光线利用起来，使图片看上去清晰，突出图片色彩优势

光线 ✕

新春大促销
无线传输
智能唤醒
悬空翻页
顺丰包邮
直销出厂价
买就送 礼包

1个包邮
2个送1个
3个送2个　4个送3个
以此类推

图片促销文案太多，会让消费者产生眼花缭乱的视觉，从而降低关注度

促销信息过多 ✕

植物洗白发 一洗就变黑
640毫升
超值大盒装
买2送1
买3送2
买5送5
电视同款 正品包邮

68送勺子
128送碗

几尼正品灯具
多色 可选
拒绝暴利

广告信息太多，跟促销信息多类似，应尽量在主图上放置简洁、有价值的信息

"牛皮癣" ✕

图片上文案文字颜色、文字底色都太过艳丽，使得主图产品不突出

配色

文案字号太小，文字字体或文字颜色不符合图片氛围

字体过小或不符

主图上的促销信息要干净，突出重点

适当地四周留白，事物中心点过大或过小都不是最佳视觉效果

▲ 图2-2 主图制作的误区1

一般来说，**电商产品主图的储存格式应该为 JPG 或 GIF 格式**，这样可以实现放大功能，一般小图片是不能被放大的，因而会出现图片不清晰的情况，图片应为 1:1 的正方形，且无边框，如图2-3所示。

图片储存方式不对，使得图片不清晰

无需加边框

▲ 图2-3　主图制作的误区2

下面几则示例能让你一眼就找出出众的主图，如图2-4所示。

图片界面简洁，配色舒适，文案合理

图片界面简洁，
文案合理

文案条理清晰，
图片突出产品，
界面简洁

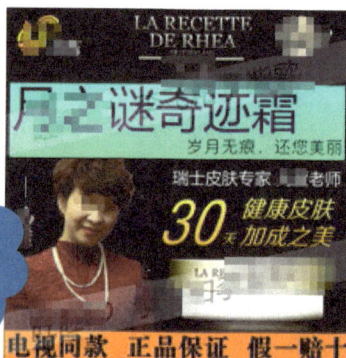

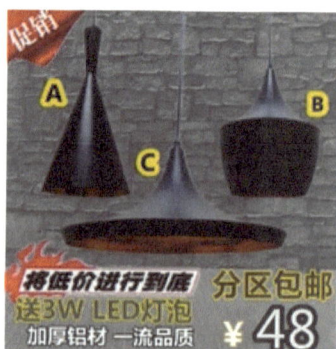

▲ 图2-4　主图示例

2.2 主图优化的9种方法

主图是直接展示在消费者眼前的产品图片，在图片中会展示商品的款式、颜色、品牌等多个特征，所以对于电商视觉营销来说，主图是非常重要的。

2.2.1 差异化

在电商视觉营销中，千万不要把自己的产品主图做成千篇一律的样子，那样只会让消费者产生视觉疲劳，丧失想深入了解产品并点击购买的兴趣，所以，**为了迅速刺激消费者的眼球，应做到产品图片的差异化，从而提升产品被点击的概率**。

- 要打造产品的差异化，可以从以下几点着手：
- 不同的产品展示背景；
- 不同的拍摄角度；
- 不同的展现，比如包可以摆放得不那么规正、用模特展示等；
- 不同的模特展示状态；
- 不同的摆放方式；
- 不同的产品特点。

下面就来看几个同种类型产品差异化的示例，如图2-5所示。

不同的展现

不同的模特展示状态

不同的摆放方式

不同的产品特点

▲ 图2-5　差异化示例

　　主图的差异化并不止上面所说的6种情况，还有不同的促销活动、不同的产品细节展示等。

2.2.2　对比图

　　对比图，顾名思义就是将不同物体进行对比，**在电商中，对比图是指利用一个可以体现产品特色的物体与产品进行对比。**

例如，想要体现红枣的个头比较大，就选择大家耳熟能详的鸡蛋进行对比，这样可以直观地体现出红枣的大个头；又如，想要体现出"静脉曲张袜"的瘦腿功效，可以选择一个模特一条腿不穿袜子，一条腿穿上"静脉曲张袜"，这样可以展现出瘦腿的功效，如图2-6所示。

💡 专家提醒

电商在运用对比图时，一定不要选不合适的物体进行对比，那样只会适得其反，比如为了体现出红枣的大，如果选择跟篮球比，这种脱离实际的夸张只会使消费者离自己的产品越来越远。

在图上加一些突出红枣大的文案

在图上加一些保证信誉的文案

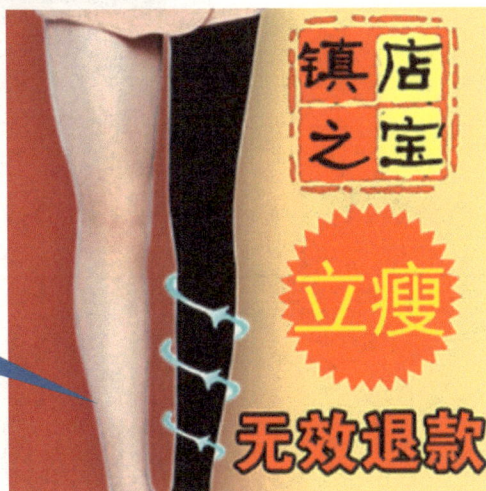

▲ 图2-6 对比图示例

2.2.3 特殊背景图

在电商的主图优化中，背景图会占很重要的一部分，所谓的**特殊背景图**，就是指加一些比较有意境、看上去显高档，甚至是古色古香的背景图，其实简单来说，就是除了单色调的背景图之外，只要是能突显出某种意境的图片都可称为特殊背景图。下面来看几则特殊背景图的示例，如图2-7所示。

突出了衣服的田园风格

突出了衣服的牛仔破旧风格

突出了衣服的
民族韵味

▲ 图2-7　特殊背景图示例

　　通过上面几则示例，可以看出，特殊背景图就是用来烘托衣服或者其他产品的特点、风格的，能提升衣服或其他产品的可观赏度。

2.2.4　俯角自拍图

　　如今随着手机的快速发展，自拍已经成为了人们的家常便饭，几乎年轻人都用过手机自拍，而且大都习惯用45度角俯拍，那样会显得自己的脸型比较瘦、尖，是人们常用的一种自拍方式。

　　而在电商主图优化中，也有俯角自拍图，基本上是由模特自己拿着产品拍摄的，这种优化方法很适合服装行业，可以提升漂亮的模特和衣服的匹配程度，消费者看到这样的图片，会觉得是衣服衬出模特的美，而不是模特本身就美。

　　下面来看几则特殊背景图的示例，如图2-8所示。

俯拍+遮半边脸+衣服，可以显得衣服让模特带有一丝俏皮的气质

俯拍+侧身拍+衣服，可以体现出衣服很显瘦，突显出模特的身材

俯拍+侧身拍+特殊背景图+衣服，可以突显出衣服增添了模特的名媛淑女气质

▲ 图2-8 俯角自拍图示例

2.2.5　创意情景

　　创意情景图，是指利用发散性思维，想出有创意的情景，将产品带入情景中，并且还要突显出产品的某一特点，如果创意情景切合产品特点，那么一定能引起消费者的注意，并且还有可能使消费者在与朋友交谈时提及产品创意，相当于给产品做了一次免费推广。

　　下面来看一则创意情景示例，如图2-9所示。

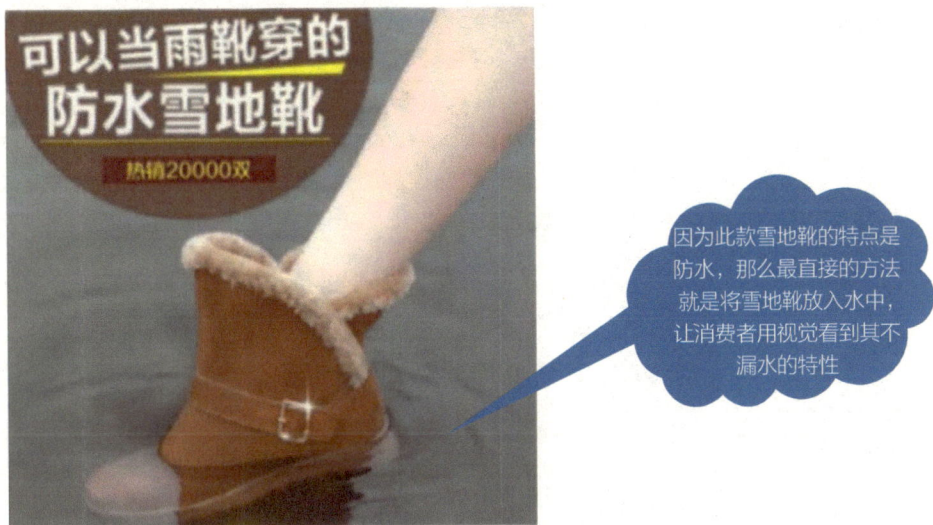

　　▲　图2-9　创意情景示例

> 💡 **专家提醒**
>
> 　　如果实在想不出个性创意，可以直接从产品特点着手，并且结合点播图来强化产品特点。所谓点播图是指可以被消费者点击并播放视频的图片，如果是灭蚊剂，可以拍摄灭蚊子的整个过程，或者是制作一个幽默风趣的动画，也是不错的想法。

2.2.6　语出惊人图

　　语出惊人图，是指在主图上配上反向思维的语句，一般在电商中惯用的句式有"不……就……""不是……我就……"等。

　　下面就来看几则语出惊人图示例，如图2-10所示。

刷个朋友圈的时间可能就几分钟或者几个小时，可是开店却需要很长时间，短短的时间内，是不可能开起门店的，所以通过夸张的手法来吸引众人的注意

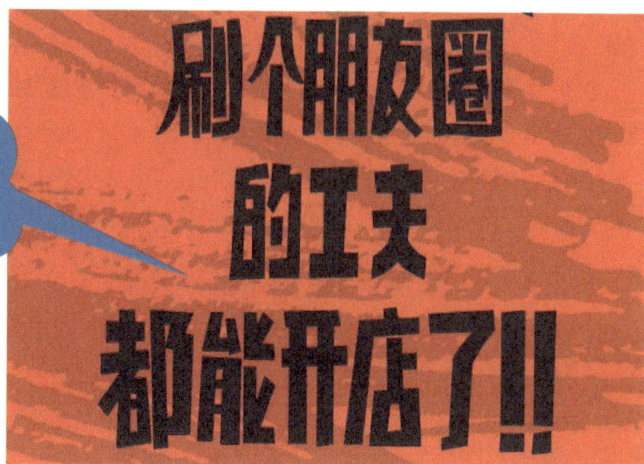

利用了"不是……我就……句式，给消费者一些安全感，他们会觉得这个包应该是牛皮的，不然店家也不会这么口出狂言，拆自己的台

▲ 图2-10　语出惊人图示例

💡 专家提醒

　　这种语出惊人图，实际上就是利用反向思维的话术，从反面展示店家的承诺、保证，给消费者打一剂"安心针"，让消费者多一些安全感，信任产品是正品，确实有店家所说的功效。

2.2.7　带入人物图

　　带入人物图，是指把人物和产品相结合，如人物在使用产品的画面、人物在制作

产品的画面等，增添产品性能的画面感，使消费者多一些安全感。下面就来看几则带入人物图示例，如图2-11所示。

通过肌肉帅哥来增强视觉效果，再搭配"冷感运动毛巾"，向消费者灌输这条毛巾在运动时肯定很好用的思想

通过年迈的老人和圆桶的图片，再搭配"爷爷深山放养圆桶土蜂"，来突出蜂蜜的原生态，自养自卖，向消费者灌输了绝对正宗的思想

▲ 图2-11 带入人物图示例

💡 **专家提醒**

带入人物的时候，一定要是真实的，如果让人发现产品描述有夸大行为，那么后果将不堪设想。

2.2.8 恶搞图

视觉营销的主图优化有一种名为恶搞图的方法，即利用诙谐、搞笑的语句和图片来描述产品特点或推介商品，吸引消费者的眼球。下面就来看几则恶搞图示例，如图2-12所示。

虽然没有上产品图片，但是那轻松搞笑的语句还是非常能吸引消费者去看一看所谓的项链的

加入了喜剧电影里的搞笑桥段，由于这部喜剧电影已经深入人心，看过此电影的消费者都会会心一笑，并产生点击进去查看产品详情的欲望

利用"淘金币再抵10%""居然还不买"，再加上某电视剧里的经典桥段"臣妾做不到啊"，来刺激消费者购买此产品

▲ 图2-12　恶搞图示例

2.2.9　价格优惠图

价格优惠图有几种表现形式：一是直接点出价格，让消费者看到产品卖很低的价，而且最好有原价和低价的对比；二是直接点出折扣，让消费者被低折扣的信息刺激到。

下面就来看几则价格优惠图示例，如图2-13所示。

▲　图2-13　价格优惠图示例

> **专家提醒**
>
> 　一般而言，价格优惠图很容易吸引用户的注意，因为大多数人都有图优惠的心理。

2.3 直通车图的基本认识

直通车图泛指淘宝推广图，下面就以淘宝直通车图为例进行讲解。

2.3.1 图片要点

在直通车图片中应该用2/3的区域展示图片的要点，而在制作图片要点之前，应该先了解直通车图片尺寸的设置。直通车图片分为6种图形，包括方块图、缩略图、正方形、长方形、原主图、中型图，如图2-14所示。

▲ 图2-14 直通车图片尺寸

在了解了直通车图片尺寸后，就可以开始设置图片要点，一般图片要点包括产品、图片的主色调、销量、价格、品牌等，如图2-15所示。

▲ 图2-15 直通车图片要点

在直通车图片中，不一定每一张图片都要具备所有图片要点，如果品牌知名度比较高，就把品牌Logo放入，如品牌知名度不是特别高，也可以不放，不过放置是最好的；如果图片主题是产品的促销活动，那么可以在直通图上突出促销活动。

在设置直通图车要点时，首要任务是放置产品，在整张图上产品所占的面积应该是最大的，确定好产品的位置之后，再根据产品位置放置其他需要的要点，放置其他要点时，一定要根据主色调设置颜色，千万不要标新立异，把直通车图弄得花枝招展的，那样只会促使消费者远离。

下面就来看两则直通车图片要点示例，如图2-16所示。

▲ 图2-16 直通车图片要点示例

2.3.2 直通车图的位置

直通车图是以全新的图片＋文字的形式来展示的，一般出现在淘宝搜索页右侧、淘宝搜索页下方、我的淘宝-已买到的宝贝下方、旺旺每日焦点、活动推广位置-首页和频道热卖宝贝，如图2-17所示。

淘宝搜索页
右侧

淘宝搜索页
下方

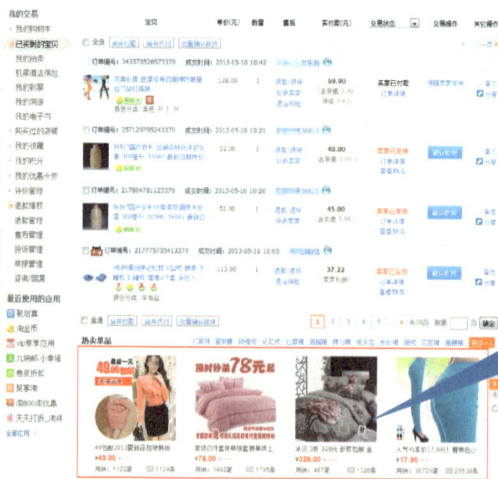

我的淘宝－
已买到的宝
贝下方。

旺旺每日焦点

活动推广位置——首页和频道热卖宝贝

▲ 图2-17 直通车图位置示例

2.3.3 直通车图的注意事项

电商企业在制作直通车图时，经常会误入歧途，喜欢放置过多的促销信息、水印等，这只会让消费者看到图片后避而远之，不会产生购买欲望。下面我们就来了解直通车图制作的6大禁忌，如图2-18所示。

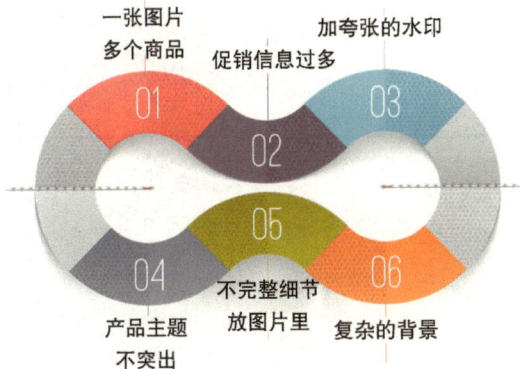

一张图片多个商品　　01
促销信息过多　　02
加夸张的水印　　03
产品主题不突出　　04
不完整细节放图片里　　05
复杂的背景　　06

▲ 图2-18 直通车图制作的6大禁忌

下面通过具体示例进一步了解直通车图制作的6大禁忌，如图2-19所示。

一张图片出现了多个商品，会显得没有主次之分，消费者将找不到图片的主要意图

厂家直销　24小时发货
特价300元
365天保修 30天包换
7天无理由退换货
300城市包邮

促销信息过多，让消费者不知道该相信哪一个，并且显得图片不美观，破坏视觉效果

加入了夸张的水印，破坏了直通车图片的美感

产品主题不突出，混淆消费者视觉

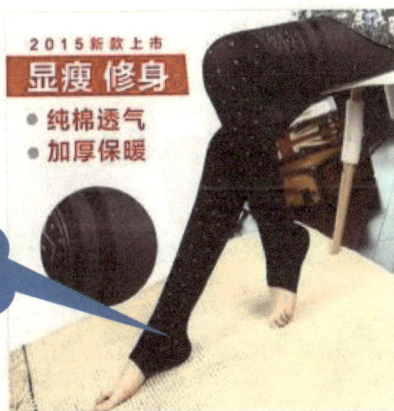

不完整细节放在图片里，表达不鲜明，很容易让消费者产生疑问

复杂的背景完全挡住了产品自身的颜色，很容易让消费者眼花缭乱，分辨不出产品到底是什么、在哪里

▲ 图2-19 直通车图制作的6大禁忌示例

2.4　直通车图优化规范

　　在直通车图上每件商品可以设置200个关键词，卖家可以针对每个产品关键词进行自由定价，并且可以看到自己定价的产品关键词在雅虎和淘宝网上的排名。下面将讲解直通车图的4种优化设计规范。

2.4.1　图片文案

　　在直通车图中需要加入文案，它可以强化图片中产品的特点，并提高点击率，但是如果文案加得不好，反而会降低点击率，所以电商在制作直通车图文案时应该注重以下3点：

- 体现核心卖点；
- 体现核心利益点；
- 文案具有创意或差异化。

下面就来看几则直通车图片文案示例，如图2-20所示。

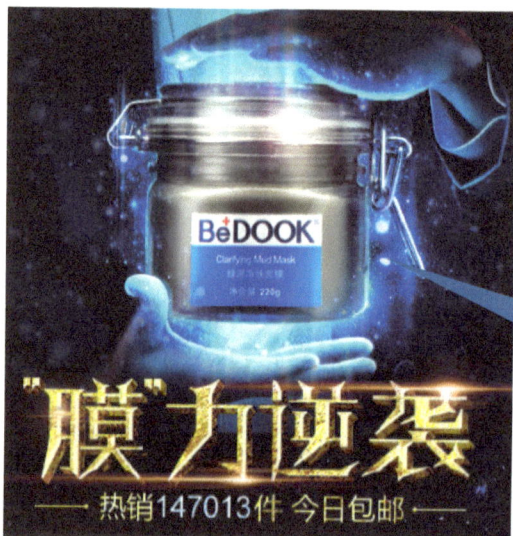

这张图给人的感觉像是这个产品具有魔力一样，给人一种该产品具有神奇功效的感觉

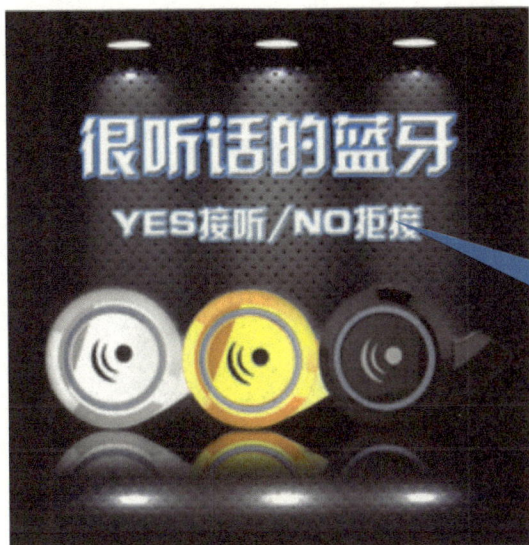

利用了拟人的修辞手法，体现出产品人性化的一面，有些消费者看到这个直通车图，很有可能会想一探究竟，了解它到底是怎样听话的，随之产生点击量

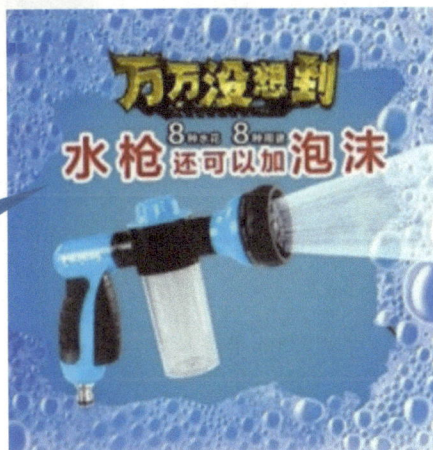

利用一个搞笑网络剧来做文案，很容易让消费者联想到那个网络剧里搞笑的情节，并且"万万没想到"这句话是当前很多人喜欢挂在嘴边的口头禅，这样做与利用明星来做文案主题有异曲同工之妙

直接突出产品的特点，针对产品的功能和消费者最想解决的问题，进行文案的创作

产品特点+促销活动，这种
组合也是一种聪明的做法，
在消费者了解产品的某个特
性之后，再来一剂促销"强
心针"，会让消费者忍不住
点击查看的

▲ 图2-20　直通车图片文案示例

通过上面几则直通车图片文案示例可知，我们可以利用修辞手法来描述产品，利用明星、电视剧等热门话题来创作文案，直接利用产品特点、功能以及促销活动进行直通车图文案的制作。

2.4.2　设计构图

直通车设计构图有7种方式，包括对称式构图、均衡式构图、留白式构图、紧凑式构图、X形构图、对角线构图，如图2-21所示。

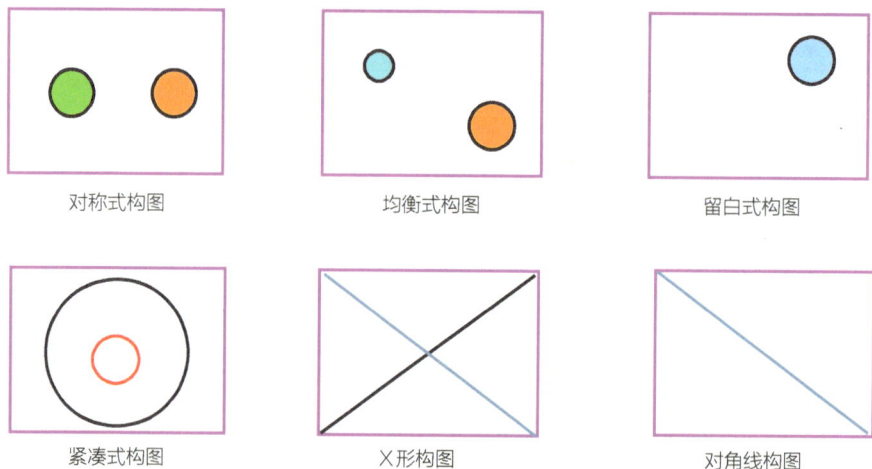

对称式构图　　　　　　　均衡式构图　　　　　　　留白式构图

紧凑式构图　　　　　　　X形构图　　　　　　　对角线构图

▲ 图2-21　直通车设计构图的6种方式

下面就来看几则直通车图片设计构图示例，如图2-22所示。

48

对称式构图，是指整体具有对称性，视觉效果呈现出平衡、稳定、相呼应的特点。这种图形的缺点就是呆板、缺少变化

均衡式构图，是指整体画面搭配均衡，视觉效果呈现出浑然一体的特点。这种图形的缺点就是不好拿捏产品的位置和大小，很容易被背景图或其他图形要点抢戏

留白式构图，是一种将产品故意安排在某一角或某一边，留出大部分空白画面。空白在画面上的作用是能帮助作者表达感情色彩，给消费者思考和想象的空间

紧凑式构图，将主体以特写的形式加以放大，使其布满画面，具有紧凑、细腻等特点

X形构图是将视觉焦点放置在画面的中央位置，采用X形构图能够获得严谨的美感，在安静的氛围中感受活力

对角线构图是将主体安排在对角线上，利用画面对角线来整体统一画面元素，这种构图的特点是富于动感，显得活泼，容易产生线条的汇聚趋势，从而吸引人的视线

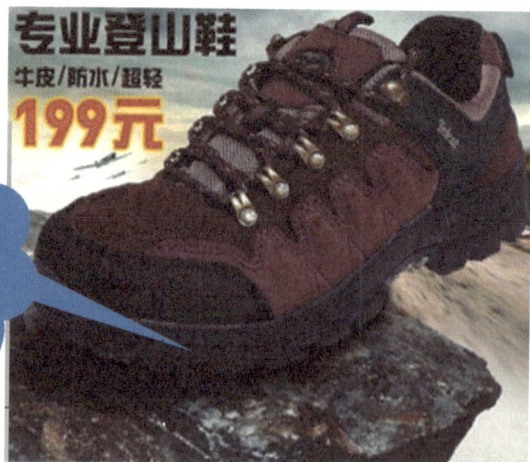

▲ 图2-22　直通车图片设计构图示例

2.4.3 图片配色

图片配色主要分为两个主题：

- **图片背景色；**
- **图片文字色。**

它们配色的合适程度和匹配程度可以决定整个直通车图的成败，如果图片的背景色或者图片的文字色跟整体色调不融合，则会破坏整体图片的画面感，很难吸引到消费者的目光。

对于对色彩方面不甚研究的电商来说，最好用单一、纯色的背景图，这样可以把产品简洁、大方地展示出来，切忌产品的颜色与背景同色，那样很容易导致商品的识别度大为降低，消费者很难将目光放在产品上，因此产品很容易被忽略。下面来看几则纯色的图片背景色示例，如图2-23所示。

▲ 图2-23 纯色的图片背景色示例

由上面的示例可知，在设计直通车图背景色时，要选择合适的背景颜色，或者在拍摄中尽量使用与商品本身色彩差异较大的颜色，还要注意背景的颜色不要太杂、太乱，否则会影响产品在图片中的主导地位。

　　而图片文字色最好能与产品的色调差不多，假如产品是植物，就可以用绿色的字体，这样可以体现出植物生机勃勃的感觉。总之图片文字要能突显出来，不要与背景色融合在一起。下面来看几则图片文字色的示例，如图2-24所示。

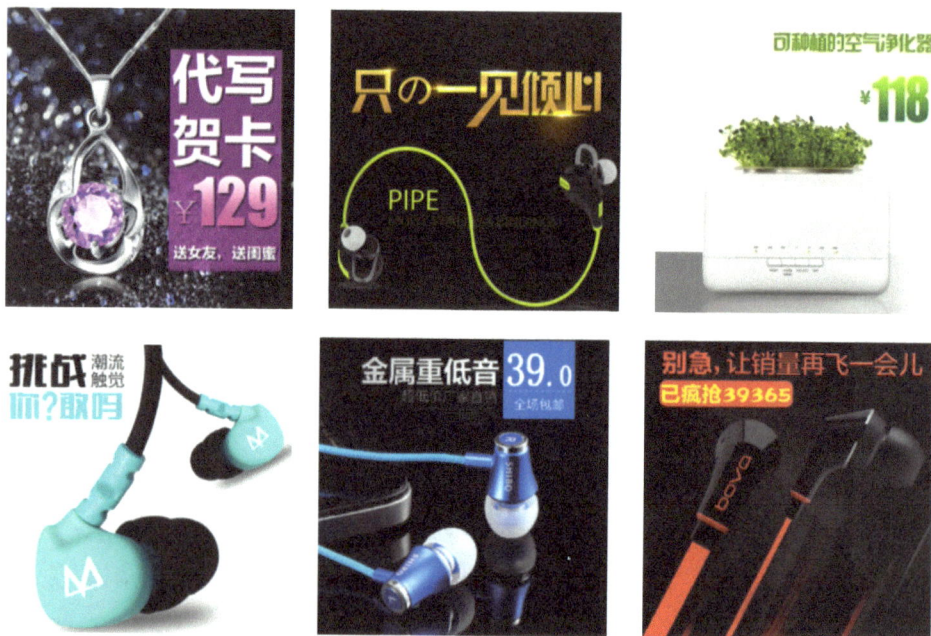

▲ 图2-24　图片文字色示例

　　总之，直通车图的画面细节需要精致，色调应和谐，爱美之心人皆有之，一张色调和谐、画面精致的图片，能为消费者带来美的享受，让消费者对产品形成良好印象，甚至产生购买欲望。

2.4.4　促销标签

　　在直通车图中，促销标签是一种专门用于吸引消费者注意的要素，如果没有促销标签，那么消费者就不能直观、快速地从直通车图上看出产品的优势，也就不会关注此产品；如果消费者在直通车图上看到了"包邮""限时抢购""特价""赠"等字眼，一般都会不自觉地留意一下，如果产品是消费者正好需要的，那么也许他们会直接购买产品。

　　下面来看几则带有促销标签的直通车图示例，如图2-25所示。

▲ 图2-25　带有促销标签的直通车图示例

　　促销标签有很多，电商企业可以选择自己制作或者是在网上购买促销标签，需要注意的是，在放置促销标签时，一定要实事求是，不能虚假宣传，否则会得不偿失，不仅拉低了品牌声誉，还有可能导致店铺被关、网站无人浏览的局面。

　　下面看几个促销标签的模板，电商企业可以利用这些模板来制作促销标签，如图2-26所示。

▲ 图2-26　促销标签的模板

2.5　广告图优化

广告，即广而告之，就是将产品推广给消费者，**广告图就像是产品的代言人，消费者对广告图的印象可以直接决定其对产品的判断**，如果广告图能成功吸引消费者的目光，那么产品很有可能被卖出去，如果消费者看一眼广告图就不想看了，那么产品很难引起消费者的注意。

所以，广告图对于产品来说是非常重要的，下面我们就来学习广告图的优化。

2.5.1　广告图的3点核心

在消费者被眼花缭乱的广告和促销信息包围的今日，只有掌握广告图的核心，才可能赢得消费者的点击、浏览，广告图的核心如图2-27所示。

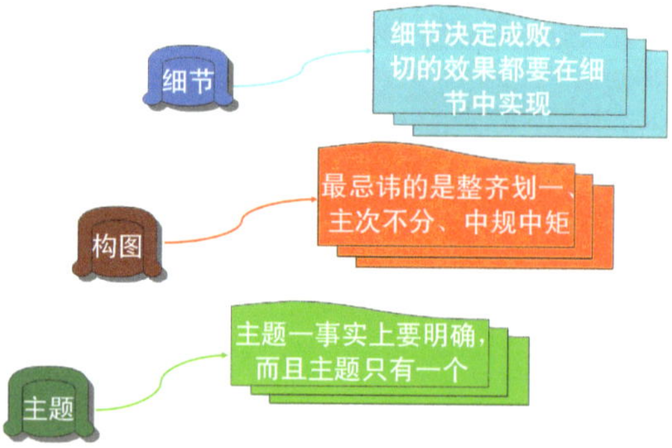

细节　细节决定成败，一切的效果都要在细节中实现

构图　最忌讳的是整齐划一、主次不分、中规中矩

主题　主题一事实上要明确，而且主题只有一个

▲ 图2-27　广告图的核心

1. 主题

广告图的主题就是要让消费者知道图片表达的是什么，主题的提炼应该简洁、高效、单刀直入，并且应该将主题放在整个图片的第一视觉中心点，下面就以几个广告图为例来分析主题类型，如图2-28所示。

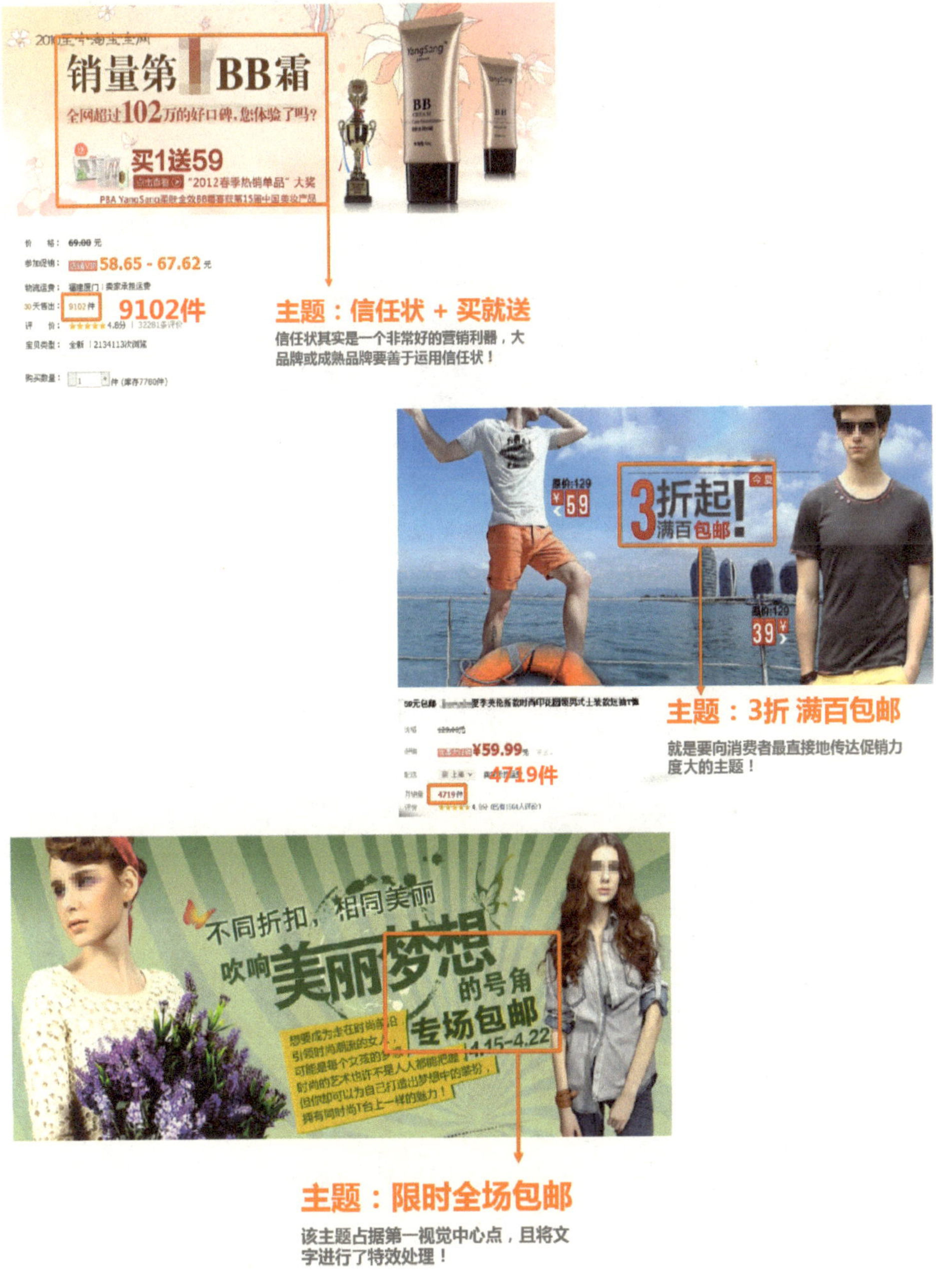

销量第1 BB霜
全网超过102万的好口碑，您体验了吗？
买1送59
"2012春季热销单品"大奖
58.65 - 67.62
9102件
主题：信任状 + 买就送
信任状其实是一个非常好的营销利器，大品牌或成熟品牌要善于运用信任状！
3折起！
满百包邮
¥59.99
4719件
主题：3折 满百包邮
就是要向消费者最直接地传达促销力度大的主题！
不同折扣，相同美丽
吹响美丽梦想的号角
专场包邮
4.15-4.22
主题：限时全场包邮
该主题占据第一视觉中心点，且将文字进行了特效处理！

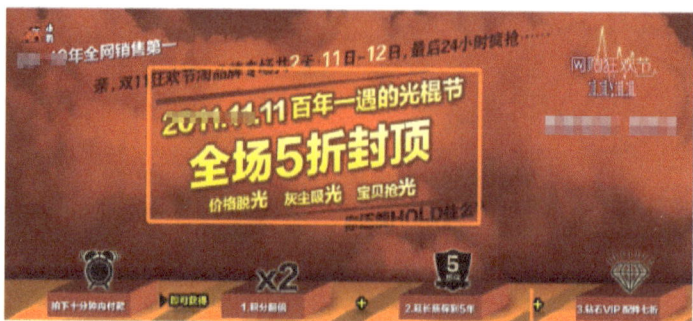

主题：全场5折

该主题占据第一视觉中心点！

主题：6·1店内促销

该主题占据第一视觉中心点，同时将
文字在排版和色彩上进行变换！

主题：夏日新品首发

该主题占据第一视觉中心点，且将文
字的字体颜色予以重点突出！

▲ 图2-28　广告图的主题类型

通过上面的广告图示例可以明显看到，主题在广告图中占据第一视觉中心点，并且主图文字颜色都是重点突出的，或者是给文字加特效等。由此可见，主题不仅要占据广告图的中心位置，还需要将主题文字做得明显、突出、有个性、有创意，才能吸引消费者的眼球。

2．构图

在广告图中，构图最忌讳的是整齐划一、主次不分、中规中矩，这样不仅没有创意，还容易失去消费者的关注，下面就以几个广告图为例来解析5种构图方法，如图2-29所示。

构图方法一：图片文案两边分

这是最便捷也是最不容易犯错的构图方法，也就是把图片、文字各放一边，但在文案排版上一定要突出中心点！

构图方法二：三七开

图片和文字左右三七开是非常舒服的视觉比例，且整体画面具有很强的层次感和节奏感！

构图方法三：左-中-右

图片以不同大小和位置摆放，形成空间感和左-右-左的层次感和节奏感！

构图方法四：斜切式

斜切式构图能让整个画面充满非常强的张力，可以让主体和需要表达的核心内容更醒目地传达！

构图方法五：极端构图

将文字或图形的某一个元素极端放大，且整个画面的走向围绕此元素！

▲ 图2-29　5种构图方法

3．细节

在广告图中细节决定成败，一切的效果都要在细节中产生和实现，所以细节也尤为重要，下面就以几个广告图为例来分析哪些细节需要注意，如图2-30所示。

点击按钮导引

点击按钮能给消费者非常强的点击提示。

标签标注

标签能将最紧要的信息封装在独立的位置集中展示。

字号放大突出重点

对于想重点突出的信息不要吝啬，字体粗些、大些。

字体很重要

如果在设计上始终用系统自带的几种字体，怎么做都不会有特别好的效果，一种优秀的字体能够节省一半的设计时间。

背景很重要

要根据产品和模特的风格特点选择合适的背景线条或图案。

▲ 图2-30　5个需要注意的细节

设计大师米斯·范·多·罗曾说过："上帝在细节之中。"细节不仅能突出广告图的主题信息，还能营造合适的气氛。下面我们以一个广告图为例，对普通图和注意细节的图进行对比，如图2-31所示。

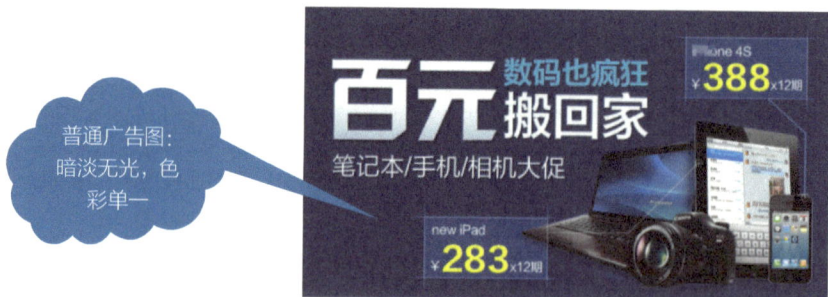

普通广告图：暗淡无光，色彩单一

▲ 图2-31　普通图和注意细节的图进行对比

通过上面的对比，可以看出注意细节的图增加了光影立体效果，所以与普通图相比，其画面显得更饱满；此外，它还增加了背景光和眩光线条，使得广告图画面变得丰富生动，所以说细节决定成败。

2.5.2　广告图的风格

随着电商的快速发展，广告图的风格也跟着千变万化，但不管是哪种风格的广告图，风格必须表里如一，那样才能赢得消费者的青睐。下面我们以几个广告图为例，分析几种不同的风格，如图2-32所示。

风格：突出少女的纯美和萌

模特的选择、字体的搭配、颜色选择上一定要彰显少女风！

风格：突出彩妆带来的靓丽

黄色的底色、靓丽的模特、精心设计的字体都是为了凸显彩妆带给女士的靓丽和自信！

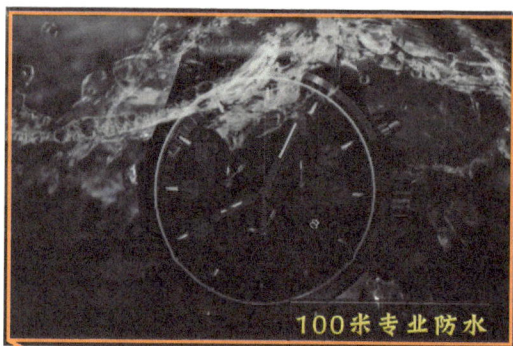

风格：突出不一般的品质

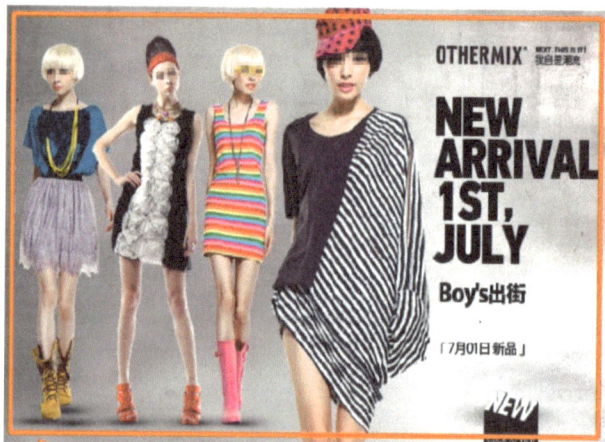

风格：突出潮流、品味之感

背景略带破旧感的灰色既带来了潮流感，又很好地
衬托了模特！

▲ 图2-32　广告图的风格

通过上面的广告图示例可知，不管广告图是怎样的风格，色彩融合度是非常重要的，色彩的选择一定要切合主题。比如广告图是以金属朋克风为主题，就应该用黑色或者金色为颜色的主调，突出重金属的感觉，千万不要用粉红色为主调，因为粉红色传递出来的可爱甜美之感就与主题不相符合了。

2.5.3　广告图的误区

很多电商企业在制作广告图时，经常陷入设计过多的文案、随意排版、在焦点位置放置很多焦点图等误区，这会大大降低产品在消费者心中的印象。下面我们通过几则示例来进一步了解广告图的误区，如图2-33所示。

一些店铺因为图片不够，又为了布局，经常会出现素材重复使用的情况，建议打破烦琐的格局，使用大幅的素材或者从不同角度来突出

混淆行业特色，使用不合适的素材，显得极不专业，令消费者对产品失去信心

焦点的堆砌会使页面失去焦点，取而代之的是焦虑，看到杂乱的页面会使人产生烦躁的情绪，从而增加消费者关掉页面的概率

过多的文字、杂乱的排版会使海报失去视觉冲击力，同时使产品失去品质感

▲ 图2-33 广告图误区示例

第3章

电商该如何制作优秀文案

优秀文案对于电商来说，有着重要的意义：一句话，一张图，都是文案的组成。可以说，优秀的文案影响着产品的整体销售。

学前提示

要点展示

>> 什么是电商文案
>> 优秀文案的 3 大基本标准
>> 优秀文案需要关联销售

3.1 什么是电商文案

电商文案并不单指文案，而是图片＋文案的一种表现形式，只有两者相呼应、相融合，才是好的电商文案。

3.1.1 电商文案的定义

电商文案多指以语辞来表现广告信息内容的形式，有广义和狭义之分。

- **广义的电商文案包括标题、正文、口号的撰写和对广告形象的选择搭配。**
- **狭义的电商文案包括标题、正文、口号的撰写。**

随着互联网的发展，消费者很难再对单一的事物产生兴趣，他们不会花费时间在一个纯文案上，消费者需要的是图文结合的文案，甚至文字越少越好。

如果能把一个产品文案通过图文结合的方式，甚至再加入一点网页元素（如轮播、flash等），让其具备更强的视觉冲击力，那么这样的产品文案无疑能引导消费者更好地理解和接受产品。

一般来说电商产品文案主要由以下3个部分组成，如图3-1所示。

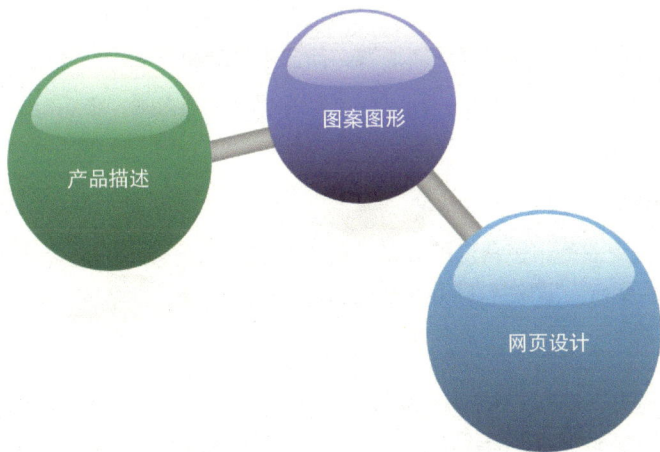

▲ 图3-1 电商产品文案的3个组成部分

3.1.2 电商文案的重要性

在电商企业，一个优秀的文案具有提升单品转化率、增加产品连带销售、加深消费者对品牌的印象、提高静默转化率等作用，如图3-2所示。

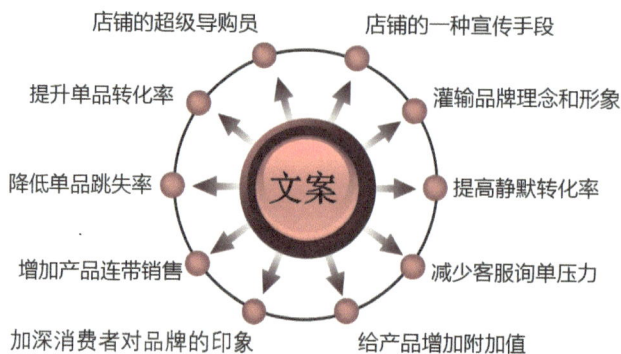

店铺的超级导购员　　店铺的一种宣传手段

提升单品转化率　　灌输品牌理念和形象

降低单品跳失率　　文案　　提高静默转化率

增加产品连带销售　　减少客服询单压力

加深消费者对品牌的印象　　给产品增加附加值

▲ 图3-2　电商文案的重要性

3.1.3　优秀文案该如何表述

电商文案的核心思想就是提取卖点，吸引消费者的注意力，刺激消费者的购买欲望，可是该如何做才能真正表达出文案的核心思想呢？下面就来了解一下优秀文案的表述方法。

1．做到基本

电商文案最基本的是要保证逻辑通顺、简洁生动地表达出产品最核心的部分，告诉消费者产品能给他们带来什么，并以强有力的视觉冲击力吸引住客户，吸引其继续往下看并且最终购买产品。

2．突出产品卖点

文案应该与专业的、多角度的、多场景下的图片相结合，详细突出产品的卖点，刺激客户的第一感觉，图片可分为产品效果图、产品细节图、产品实物图等。

3．利用好评

用户好评是最直接的文案，可以在网站或店铺页面上展示出用户好评，这样可以增加消费者对产品的认同程度和接受程度。因此，可以通过一系列活动来鼓励用户写出故事性的好评，这样更能增加消费者的信任度。

4．跟随营销策略走

企业需根据不同的产品采用多种营销策略，如关联销售、捆绑销售、提升销售等，电商文案则应根据不同的营销策略进行撰写。例如，电商企业可以在产品文案中加入"买了该产品的用户还买了哪些""受客户欢迎的产品排行"等，来提升整个网站或店铺的关联销售。

5. 掌握消费者心理

电商优秀文案往往都是"心理专家"，这些优秀文案通过文字＋图片＋色彩的组合来刺激消费者的心理需求或心理期望，因此能轻而易举地提升销售量。

所以，文案要走心，并不是一如既往地追求文字优美，也不是简简单单地解释产品信息，更不是将无数个促销信息堆积起来，它是以消费者心理、消费者需求、消费者期望为前提，幽默、富有诗意或创意无限地进行产品信息的诠释、促销信息的展现、活动的公布等。

3.2 优秀文案的3大基本指标

一般来说，电商企业在看自己网站是否需要修改、是否符合消费者的需求、电商文案能否引起消费者的注意力时，都会通过3个基本指标来判断网店的运营情况。下面我们就来学习优秀文案的3大基本指标。

3.2.1 跳失率

跳失率指标用来反映页面内容受欢迎的程度，跳失率越大，就代表页面内容越需要调整。一般跳失率的3种常见类型如图3-3所示。

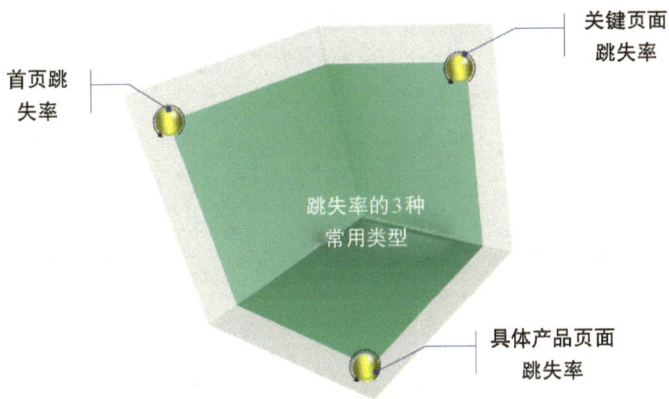

▲ 图3-3 跳失率的3种常用类型

跳失率是衡量被访问页面的一个重要因素，在形成跳失率之前，消费者已经通过某种方式对页面进行访问，而跳失的原因无非是因为消费者感觉搜索点击到达的页面与预期的不相符合，从而不想再关注该页面，因此产生跳失率。跳失率的计算公式如图3-4所示。

$$跳失率 = \frac{只浏览一个页面就离开的访问次数}{该页面的全部访问次数}$$

▲ 图3-4 跳失率的计算公式

电商企业可以通过跳失率的大小来判定文案是否足够优秀，能否为电商企业做出贡献，吸引消费者的注意力，引起消费者的购买欲望，最终产生销售量。

3.2.2 转化率

转化率是电商核心指标，是判断营销效果的指标，也是判断电商文案是否优秀的指标。在电商中一般注意5种转化率，即可全面地分析转化率给企业带来的益处，如图3-5所示。

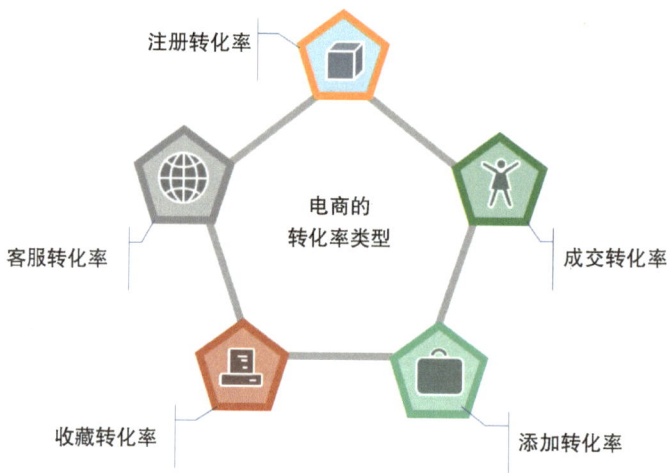

▲ 图3-5 电商的转化率类型

转化率指在一个统计周期内，完成转化行为的次数占推广信息总点击次数的比率，其计算公式如图3-6所示。

$$转化率 = \frac{转化次数}{点击量} \times 100\%$$

▲ 图3-6 转化率的计算公式

在电商中网站转化率越高，则网站盈利能力越强，单位来访者中产生的消费者就**越多**。提高网站转化率能够在无法增加流量的情况下增加网站的盈利，也可以证明，在网站中的文案是符合消费者需求和欣赏水平的，所以网站转化率是电商企业必须关注的指标。

电商在实际分析中，既要看过程转化率，也要看结果转化率，这样才能更加全面地分析转化率，把握电商文案是否运用得当，下面来了解转化率的示意图，更深一步了解转化率到底是怎样存在的，如图3-7所示。

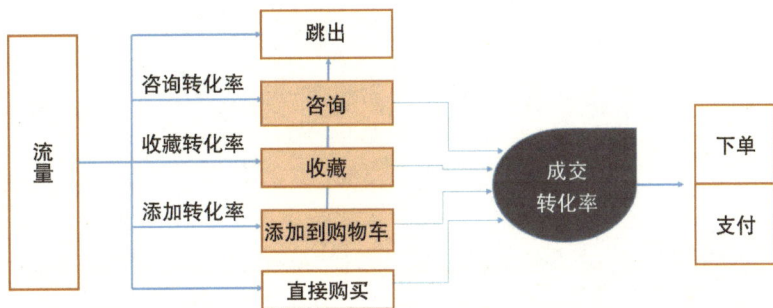

▲ 图3-7 转化率示意图

3.2.3 访问深度

访问深度（DV）是指用户在一次浏览网站的过程中浏览的网站页数。

如果消费者一次性浏览的网站页数很多，那么就可以证明该网站对其吸引力较大。一般用户的访问深度越大，则表明用户体验度越好，网站黏性也越高，电商文案的设计较合理。

访问深度的计算公式如图3-8所示。

$$访问深度 = \frac{页面浏览量}{访问次数}$$

▲ 图3-8 访问深度的计算公式

那么一个电商网站该如何提升它的访问深度呢？具体可以从以下几点着手：

- 网站页面排版、布局合理；
- 产品文案紧扣产品理念和主题；
- 促销文案可以用flash、轮播的形式展现给消费者，并且扣准一个促销核心，不要堆积过多的促销信息，促销文案一定要搭配图片，打造美观的视觉效果；
- 合理的分类导航有助于提升访问深度，如图3-9所示。

▲ 图3-9　分类导航

3.3　优秀文案需要关联销售

关联营销也称为绑缚营销，目前关联销售在电商中很火爆。**关联营销是指在一个页面上，同时放了同类、同品牌等可搭配的与本产品相关联的其他产品**，它是一种新的、低成本的、企业在网站上用来提高收入的营销方法。

如果电商企业能将文案和关联销售融合在一起，那么定会使电商网站或店铺大放异彩。

3.3.1 什么是关联销售

关联销售是一种在交叉营销的基础上，在事物、产品、品牌等所要营销的事物中寻找关联性，来实现深层次的多面引导的营销方法。关联销售对于电商来说，不仅是一种营销手段，还是一种提升电商文案等级的方法。关联销售主要有3方面作用，如图3-10所示。

▲ 图3-10 关联销售的作用

💡 **专家提醒**

交叉营销是指把时间、金钱、构想、活动或是演示空间等资源予以整合，为企业提供一个低成本的渠道去接触更多潜在客户的一种营销方法。

3.3.2 关联销售的模型

关联销售的模型包括互补关联、行为关联、替代关联、潜在关联等，如图3-11所示。

▲ 图3-11 关联销售的模型

下面来看几则关联销售示例，如图3-12所示。

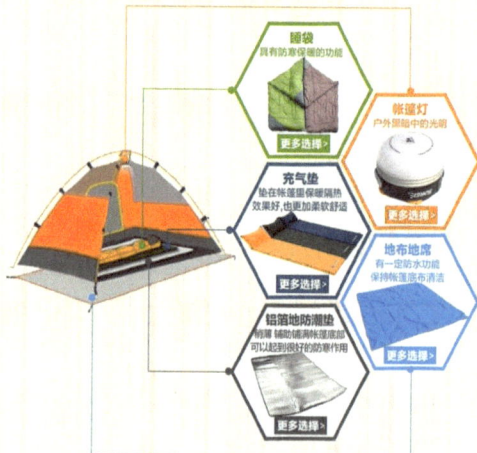

露营需要什么装备、怎么用？

露营装备从下到上（从地面开始）依次使用的是：

睡袋
具有防寒保暖的功能
更多选择>

帐篷灯
户外黑暗中的光明
更多选择>

充气垫
铺在帐篷里保暖隔热
效果好，也更加柔软舒适
更多选择>

地布地席
有一定防水功能
保持帐篷布清洁
更多选择>

铝箔地防潮垫
有隔 辅助铺满防潮底部
可以起到很好的防寒作用
更多选择>

场景关联，通过文案将需要的露营装备搭配露营场景进行露营产品的营销

粉色环保支架游泳池
¥268.0 新品销量 587件

省水支架游泳池
¥208.0 新品销量 187件

环保尼龙布支架游泳池
¥228.0 新品销量 260件

小巧省水支架游泳池
¥168.0 热销 791件

透明彩绘支架游泳池
¥288.0 热销 459件

环保辛巴支架游泳池
¥238.0 热销 2669件

环保支架游泳池
¥138.0起 热销 631件

彩绘支架游泳池
¥148.0起 热销 3653件

互补关联，利用文案将产品的互补性——"尼龙布"与"透明"体现出来，可以提供给消费者更多的选择

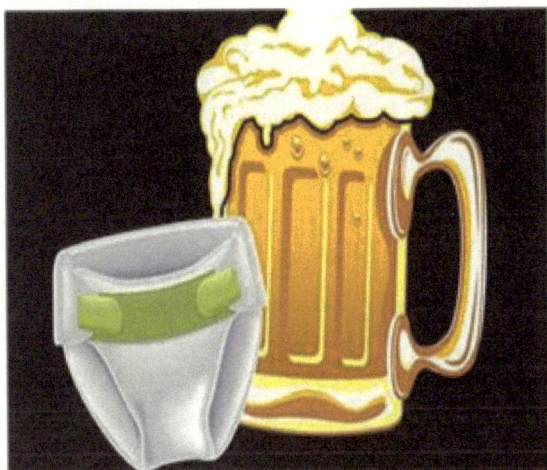

行为关联，这是一个典型的案例，"啤酒加尿布"是专门为要带宝宝的爸爸们做的关联销售，再配上温情的文案，容易引起消费者的关注

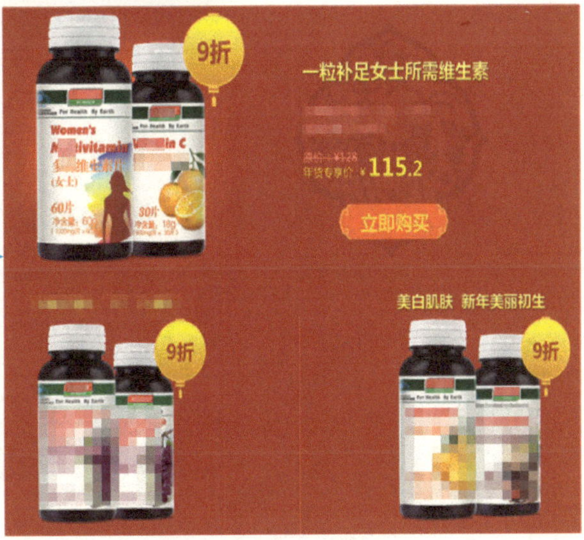

延伸关联，利用文案做补充说明，引申出另外一款产品做搭配，或者像这个实例一样直接赠送另外一款产品

一粒补足女士所需维生素

9折

年货专享价 ¥ **115.2**

立即购买

美白肌肤 新年美丽初生

9折

9折

替代关联，利用文案将每个产品的特点用一句话体现出来，虽然是将可替代产品放在一起，但只要将各自的特点体现出来，反而能促使消费者连带购买多个产品

圆形手按+脚踏垃圾桶 6.5L/10L | 手提桌面垃圾桶 2L/5L/8.2L | 手�27摇盖垃圾桶 10L/12L | 受压筒垃圾桶 10L/15L

RMB 34 | RMB 6 | RMB 25 | RMB 35

方形手按+脚踏垃圾桶 12L/18L | 圆形摇盖垃圾桶 9L | 方形摇盖垃圾桶 9L | 不锈钢垃圾桶 13L/18L

RMB 41 | RMB 30 | RMB 30 | RMB 36

单纯曝光，只是单纯地曝光产品，只需要添加简短的介绍产品的文案即可

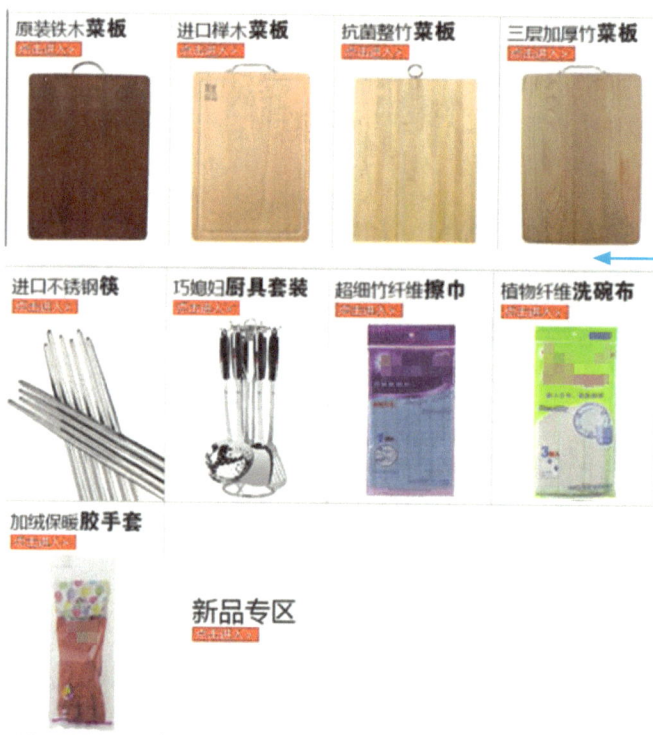

潜在关联，利用产品在生活中可以被连带使用的特点进行关联销售，再加上简短的文案即可

▲ 图3-12　关联销售示例

3.3.3　关联销售的呈现

关联销售在电商网站或者店铺上一般呈现为3种形式，如图3-13所示。

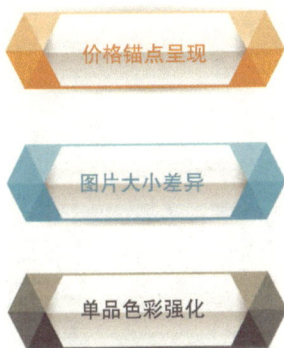

▲ 图3-13 关联销售的呈现形式

下面就来看几个关联销售呈现示例，如图3-14所示。

40吋极致蓝光高清 原装A+晶钻屏	年轻人的████精致4K电视 超强配置·强劲A9处理	IMAX发烧级4K影院 一体成型·极致窄边框
活动价：¥1699	活动价：¥2680	活动价：¥4499

价格锚点的呈现，很容易引导消费者自行计算电视机每大一寸需要多付多少钱，促使消费者自然而然地关注产品信息，因此可以加入展现产品特点的文案，增强文案及关联销售的作用

图片大小差异呈现，通过产品的不同大小，体现出各个产品的特点，并加上简单的产品文案，体现出产品的简约风格

图片大小差异呈现

单品色彩强化，加上突出产品颜色的文案，即可展现产品的特点

单品色彩强化，每个消费者都有自己的视觉习惯，这种色彩强化契合了大多数消费者的浏览习惯

▲ 图3-14 关联销售呈现示例

不管关联销售时选择哪种呈现方式，都需配上符合产品理念的文案，只有图片与文案相辅相成才是优秀文案。

3.3.4　关联销售的检测

电商企业采用关联销售后，该怎样检测关联销售的效果呢？如图3-15所示。

▲　图3-15　关联销售的检测

下面来看关联销售检测的示例，如图3-16所示。

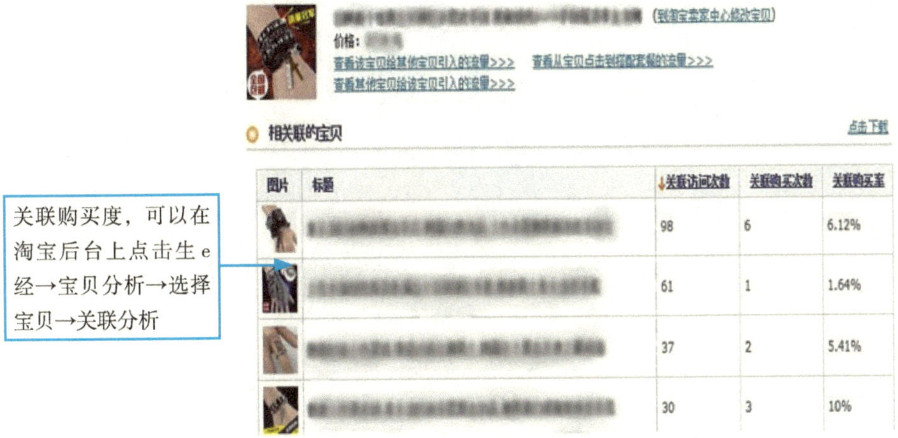

关联购买度，可以在淘宝后台上点击生e经→宝贝分析→选择宝贝→关联分析

▲　图3-16　关联销售的检测示例

3.3.5　关联销售的常见问题

一般电商的关联销售是不能放在首屏的，因为那样过于浪费位置，**关联销售最好放在详情页，并且关联销售应该针对不同产品设置不同的关联位置**。常见的关联销售

位置如图3-17所示。

▲ 图3-17 关联销售的位置

（1）页面上方。在页面上方适合放置连带性强的产品及促销文案，可以避免因价格或产品不符合意愿的消费者跳失。

（2）页面中部。在页面中部需要利用文案与产品图进行搭配推荐，增加相关产品的曝光度，还可以通过分享爆款引入流量。

（3）页尾。页尾的关联产品应该与详情页描述的产品具有较高的关联度。

电商在做关联销售时，经常会陷入4个误区，如图3-18所示。

认为推荐的商品越多越好　　只推荐最有利润的商品

4　1

关联常见的误区

3　2

关联产品的时机不对　　关联销售的位置混乱

▲ 图3-18 关联常见的误区

💡 专家提醒

"文案＋关联销售＝优秀文案"这个公式并不是在任何情况下都能恒等，恒等的前提是关联销售做得准确无误，文案契合关联销售主题，不浮夸、不虚假宣传。

第4章

剖析消费者痴迷网购的原因和消费者类型

学前提示

　　身处数据爆炸的时代，电商的首要任务是分析消费者痴迷网购的原因，熟悉消费者的类型，掌握消费者的需求，做到这些才能在电商领域占得一席之地。

要点展示

　　>> 消费者为什么要网购
　　>> 消费者的 8 大类型
　　>> 目标人群分析

4.1 消费者为什么要网购

对于电商来说，弄清楚消费者网购的原因是首要任务，只有这样才能更加贴近消费者，才能站在消费者的角度想问题，推出能够吸引消费者眼球的产品、店铺页面、产品图片等。

4.1.1 寻求刺激

进入21世纪以来，互联网迅速发展，人们再也不中规中矩地过自己的小日子了，面对各种创新的产品，消费者早已按捺不住自己的好奇心，想一探究竟。

随着时代的变迁，人们对于很多创意性的东西已司空见惯，面对一项新事物不再感到惊奇，转而继续寻找刺激，在刺激中挖掘内心的渴望并满足它。

网购还有一个最显著的特点，就是其产品品种比日常生活中人们去逛街时看到的要多，且价格便宜，如果买到物美价廉的商品，还可以在朋友面前炫耀一番。

总的来说，**人们网购的原因之一就是想要寻求刺激，获得与日常生活中不同的体验。**

4.1.2 社会需求

随着社会的不断进步，人们的生活节奏不断加快，因为网购没有地理、时间的限制，只要打开计算机或手机即可购买产品，所以这给上班族带来了很大的便利。

当人们在家想买某一样东西时，却不知道商店里有没有卖，又不想花时间去寻找，就会选择在网上购物，既节省了时间又买到了心仪的东西，何乐而不为呢？并且在网上可以购买一些私密性的产品，规避了让其他人知道的尴尬，这也是人们进行网购的一个重要原因。

4.1.3 跟上潮流

随着互联网的快速发展，网购已经成为了人们日常生活中的一部分，人们再也不用局限于商场购物了，而是可以直接在网上随时购买进口产品、跨地域产品等，这些产品种类繁多，可供消费者随意挑选。

网购的发展也得益于羊群效应，当有一小部分的人进行了网购，并且向外宣扬网购的好处，那么自然而然地就有更多人跟着进行网购活动了，随着时间的累积，越来越多的人加入网购行列，网购逐渐成为潮流活动，如果这时还有人问"网购是什么？""为什么要网购？"等问题，那么就说明这个人跟不上潮流了。

在网上购物，还可以进行信息分享，将自己对某样产品的购物体验发布到网上，为其他消费者提供参考，这也实现了消费和社交的结合。

4.1.4　角色扮演

虽然网络上的产品很多，给消费者带来了很多选择的机会，可是也给消费者带来了一定的选择困扰，在很多时候，消费者不知道自己选择的产品是不是正品，是不是自己心中所想的产品，所以在挑选的时候很伤脑筋。

这时，如果你能帮朋友挑选一个物美价廉的产品，并且朋友也很喜欢，这会让你产生骄傲感，也能让朋友更加信赖你。

所以，人们网购的原因之一就是角色扮演——通过替别人选购商品获取快感、骄傲感。

4.1.5　狩猎便宜

网购之所以吸引人，是因为它的促销力度一般要比实体店的大，足够吸引人，这也使得网购成为了人们日常生活中不可缺少的一部分。

当人们在网上购买的产品比实体店的便宜或者砍价成功，都会让消费者被满足感包围，他们享受着这种感觉，这种愉悦感可以调剂他们的生活，让他们突然快乐、高兴起来。

所以，人们网购的原因之一是狩猎便宜，通过各种优惠或砍价来得到成就感。

4.2　消费者的8大类型

不同阶层的人有着不同的价值取向和社会资源，并且难以相互认同，这也是差异化营销赖以存在的基础。

根据消费者自身可控社会资源（包括金钱、信息等）及其消费驱动力，可将消费者分成8类。每一类人群表现出来的生活方式和消费价值观都截然不同。

4.2.1　革新者：革除旧的，创造新的

这一消费群体的口号就是"革除旧的，创造新的"，也可以称之为"革新者（Inovator）"。"革新者"热衷于使用各种新产品，而且具有极强的创新和冒险精神，同时他们也拥有较高的收入，或者社会地位比较高，并且大部分都受过高等教育。

图4-1所示为"革新者"的3个关键标签，通过这些标签，企业或者商家可以快速将他们与其他消费者区分开来。

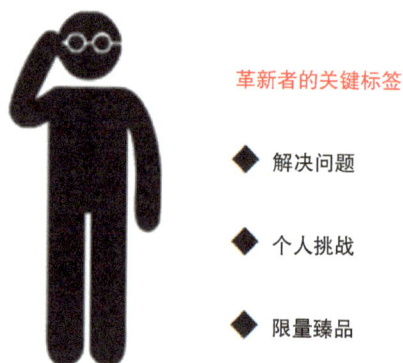

革新者的关键标签

◆ 解决问题

◆ 个人挑战

◆ 限量臻品

▲ 图4-1 "革新者"的3个关键标签

革新者大约占到了整个消费群体的2.5%，虽然人数不多，但他们追求高品质的生活，往往起到了示范和前瞻的作用，是大部分潮流新品的推动者，也是店铺在进行新品推广时首先要考虑的用户群。

4.2.2 思考者：喜欢思考，善于思考

"喜欢思考、善于思考"是思考者（Thinker）在做一件事情之前通常会经历的一个过程，他们同样具有较高的收入和教育程度，而且相对来说更加成熟稳重，满足于现有的生活状态，是一群比较传统的人。

图4-2所示为思考者的4个关键标签，通过这些标签，企业或者商家可以快速将他们与其他消费者区分开来。

思考者的关键标签

◆ 成熟稳重

◆ 理性消费

◆ 保守务实

◆ 可靠

▲ 图4-2 思考者的4个关键标签

思考者在购物前，通常会尽可能地去搜索与产品相关的各种信息，然后将其进行整理对比，对于商品的质量、功能以及性价比等都比较关注。另外，一般的促销活动对于思考者来说效果可能不大，因为他们往往能够看清其中的水分。

思考者的观念非常传统，知识面比较广，而且具有一定的责任感，会自觉遵守一定的秩序。同时，思考者也非常愿意尝试新的想法，较高的收入让他们在选购产品时拥有更多的选择余地。

对于电商企业或者商家来说，在针对思考者宣传产品时，可以利用内容营销来影响他们的购物决策，为他们提供更多的导购型或者知识型内容，让他们在了解产品的同时，还可以熟悉这些产品的功效、使用技巧，帮助他们获得更多知识。

4.2.3　信仰者：遵守规范，忠诚度高

信仰者（Beliener）是一群典型的受理念驱动的消费群体，他们的思维比较固化，受到传统观念的严重束缚，这些束缚来自家庭、宗教信仰、社会群体以及国家观念等方面。

图4-3所示为信仰者的5个关键标签，通过这些标签，企业或者商家可以快速地将他们与其他消费者区分开来。

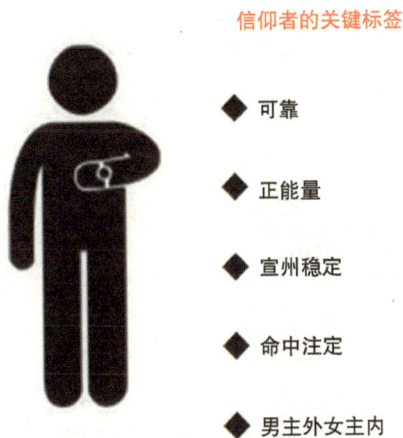

信仰者的关键标签

◆ 可靠

◆ 正能量

◆ 宣州稳定

◆ 命中注定

◆ 男主外女主内

▲ 图4-3　信仰者的5个关键标签

信仰者的整体收入水平通常要低于当地的中等收入，而且受教育水平一般也低于基本教育水平，在城市中可以很容易找到这类人群，即我们平常所说的"蓝领"，他们往往是大众化消费市场的常客。

大部分信仰者都拥有非常深刻的教条理念，他们会努力遵守即定的某些规范，因此，他们在消费时通常比较热衷于自己熟悉或者信任的品牌，品牌忠诚度非常高，电商企业或商家也可以比较容易地推测信仰者的喜好进而采取相应策略，例如，可以将一些传统观念作为商品的主打概念来吸引信仰者关注，让他们产生共鸣，进而快速对产品或品牌形成认同感。

4.2.4 成就者：重视形象，热衷品牌

成就者（Achiever）这一消费群体的特征如下所示：

（1）拥有较高的收入；

（2）有一定的社会地位；

（3）受过良好的高等教育；

（4）在生活中比较保守，政治观点也比较传统；

（5）追求高品质生活和成功；

（6）尊敬权威和现状；

（7）生活方式非常有目标性。

成就者在消费时通常偏好高品质的奢侈品，尤其偏爱社会上普通认可的品牌产品，以及能够彰显其成功身份的产品，对于自己的外在形象非常重视，喜欢受到其他人的关注。

图4-4所示为信仰者的5个关键标签，通过这些标签，企业或者商家可以快速将他们与其他消费者区分开来。

成就者的关键标签

◆ 成功上进

◆ 受人尊敬

◆ 高端大气

◆ 追求品质

▲ 图4-4 成就者的5个关键标签

成就者在消费者市场中非常活跃，同时也容易受到领袖意见的影响。

对于电商企业或者商家来说，成就者是比较受欢迎的一群人，他们收入高，可以提高店铺的客单价，为店铺带来更多的利润。同时，成就者由于工作忙、应酬多，往往消费时间并不长，因此他们对能够节省时间的东西比较感兴趣。

4.2.5 拼搏者：追逐流行，冲动消费

拼搏者（Striver）这一消费群体的特征如下所示：

（1）年轻，喜欢追求时尚和乐趣；

（2）收入低于平均水平；

（3）喜欢炫耀性消费；

（4）追逐流行。

拼搏者可以说是成就者的粉丝，他们非常在意自己在别人心目中的形象，喜欢得到他人的认同。不过，拼搏者往往还处于人生的奋斗阶段，对金钱看得非常重，通常喜欢以钱来衡量一切，将赚钱摆在第一位，从而容易忽视自己的其他价值，因此很难取得较高的成功。

图4-5所示为拼搏者的3个关键标签，通过这些标签，企业或者商家可以快速将他们与其他消费者区分开来。

拼搏者的关键标签

◆ 无拘无束

◆ 时尚潮流

◆ 酷炫

▲ 图4-5 拼搏者的3个关键标签

拼搏者喜欢用钱来提高自己在别人心目中的地位，但往往没有足够的钱来满足自己。拼搏者在消费方面比较积极和冲动，他们喜欢购买各式各样的产品，作为在朋友圈炫耀和展示自己的方式。

拼搏者在博眼球方面非常下功夫，尽管收入有限、资源缺乏，他们仍旧会努力去

进行自认为更高、更得体的各种消费，以争取大家的关注。其实，拼搏者的想法比较简单，也容易被电商企业或者商家所获取，使之可以针对拼搏者的欲望来开发产品，不过这部分消费群体的市场竞争已经趋于饱和。

4.2.6 体验者：自我表达，追求新奇

体验者（Experiencer）通常是刚参加工作的年轻人，而且大多数是未婚，也有一部分学生，他们的家庭往往比较富裕，可以提供给他们一定的消费支持，因此这部分人群热衷于时尚新品。

体验者对新鲜事物比较感兴趣，在消费时充满了激情，而且也比较容易冲动，但只要热情一过，便会对这些事物失去兴趣。在消费类型上，体验者喜欢将金钱用在时尚、娱乐和社交等方面，更关注那些美感、酷炫、有趣的产品。

图4-6所示为体验者的6个关键标签，通过这些标签，企业或者商家可以快速将他们与其他消费者区分开来。

自我表达欲望是体验者的消费驱动，他们的核心诉求是"新"和"平常难以得到"，并且为此不计代价。对于电商企业者商家来说，可以为体验者提供更多最新的导购内容以及各种限量产品、海淘商品等，这些都是比较容易成功的营销方式。

体验者的关键标签

- ◆ 新奇
- ◆ 速度
- ◆ 引领潮流
- ◆ 国际化
- ◆ 不跟随
- ◆ 无所不能

▲ 图4-6 体验者的6个关键标签

4.2.7 制造者：实用主义，自给自足

制造者（Maker），顾名思义，拥有较强的动手能力，通常是指一些中等收入、受到良好教育、40岁以下且成家不久的人群。

图4-7所示为制造者的4个关键标签，通过这些标签，企业或者商家可以快速将他们与其他消费者区分开来。

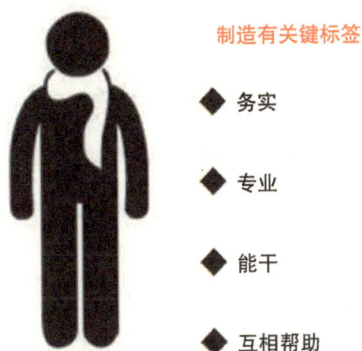

制造有关键标签

◆ 务实

◆ 专业

◆ 能干

◆ 互相帮助

▲ 图4-7 制造者的4个关键标签

制造者凡事都追求自给自足，喜欢自己动手，尽量依靠自己的生产来满足自己的需要，如自己种菜、自己给孩子做一些小玩具等，强调实用主义。制造者在消费方面喜欢买一些具有实用功能的产品，不太关注商业活动，但是喜欢买一些工具或者看各种相关教程，但并不是为了省钱，而是为了享受自给自足的乐趣。

4.2.8 求生者：基本需求，满足生存

求生者（Survivor）是指那些连生存都存在困难的人群，他们普遍收入低甚至没有收入来源，受教育程度底，通常只会购买一些基本的生活必需品。

图4-8所示为求生者的3个关键标签，通过这些标签，企业或者商家可以快速将他们与其他消费者区分开来。

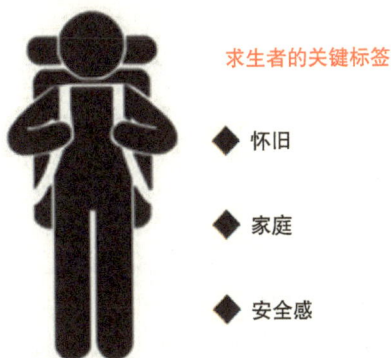

求生者的关键标签

◆ 怀旧

◆ 家庭

◆ 安全感

▲ 图4-8 求生者的3个关键标签

求生者的心理比较简单，只是单纯地想着如何让自己在社会中安全地活下去，在消费方面，他们首先关注的是怎么满足最基本的生活需求，在购买商品和享受服务时非常低调，通常只忠于几个特定的品牌，尤其是当出现折扣、促销的时候。

4.3 目标人群分析

在生活中有各种各样的人群，一般电商企业将目标人群分为感性消费人群与理性消费人群，并且针对不同人群进行不同的产品推广、产品设计。

4.3.1 感性消费

感性消费是一种情绪、情感消费，它是基于个人感性认识的一种消费形式。 这一类的消费者一般以个人爱好、兴趣作为购买标准。

心理学家认为，人的一般心理活动有3个基本过程，即认识过程、情绪情感过程、意志过程，如图4-9所示。

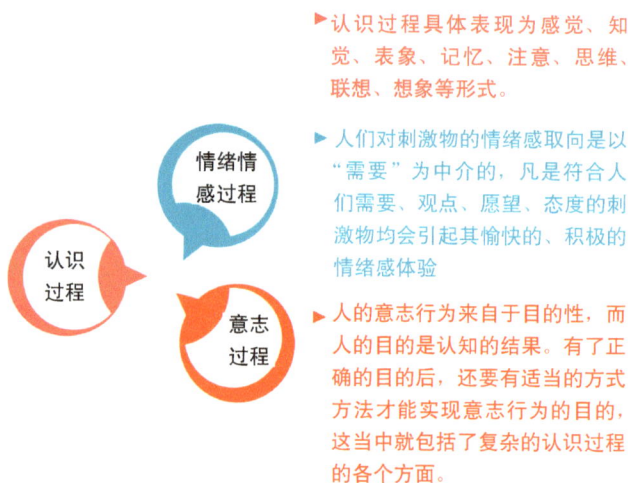

- ▶认识过程具体表现为感觉、知觉、表象、记忆、注意、思维、联想、想象等形式。
- ▶人们对刺激物的情绪感取向是以"需要"为中介的，凡是符合人们需要、观点、愿望、态度的刺激物均会引起其愉快的、积极的情绪感体验
- ▶人的意志行为来自于目的性，而人的目的是认知的结果。有了正确的目的后，还要有适当的方式方法才能实现意志行为的目的，这当中就包括了复杂的认识过程的各个方面。

▲ 图4-9 人的一般心理活动的3个基本过程

产品的外观造型、色彩、气味、味道、音质、质感等外在特征会对感性消费者在感官上形成直接的刺激，而电商网站或店铺的布置也会对消费者进行感官上的刺激，从而导致消费者的感性消费。

电商企业只要突出产品自身显著的特征，如艳丽的色彩、夸张新颖的造型、动感的设计等，都容易引起消费者的注意。所以，产品包装的设计、品牌的命名、创意的推广、网站或店铺的布置等，都可以成为消费者感性消费的一部分原因。

感性消费的人群一般都会关注精神生活的内容和情感的需要，他们在购物时主要

凭借个人主观感受，不愿意货比三家，希望购物过程是以轻松、愉快的心态进行的。因此，这类消费者与其说是购物，还不如说是在购物中体验自我满足的心情。

因此，电商企业针对感性消费者的营销活动应该以情感化为主，将"情感"这根主线贯穿于其营销活动的全过程。除了研制、开发出富有人情味的产品，还需要采用充满人情味的促销手段，才能触动感性消费者的感性神经，进而促进产品销售。

4.3.2 理性消费

在新的互联网环境下，消费者开始学会利用来自其他消费者的产品质量信息作参考，更少地依赖营销人传递的质量代替物，如品牌、忠诚度、价格等因素。消费者更多地依赖其他消费者的评价、专家的评价、消费者晒单等各类可以轻松获取并且真实的信息。

例如，消费者要购买某店铺的帽子，第一反应就是翻看累计评价，如果评价大多数是好评，则会考虑购买，如果差评和中评很多则会放弃购买；如果有买家秀，他们会第一时间关注买家秀，因为卖家提供的产品模特图片是经过加工美化而成的，只有其他消费者发出的买家秀才能代表实际情况，如图4-10所示。

▲ 图4-10 消费者用累计评价作参考，决定是否购买

当消费者开始依靠其他消费者对产品的点评以及其他信息来源时，品牌的感知质量和品牌忠诚度已不再那么重要。同时，消费者受他人意见影响的程度也取决于购物环境，在这种情形下，消费者变得越来越理性，也越来越不容易被营销人传递的信息所影响了。

而所谓的理性消费，就是指消费者不会随意地被产品花哨的外表、促销程度的大小、销售人员的介绍等因素干扰到，而是学会了货比三家、参考累计评价等因素，综合性地决定是否购买产品，会思考自己是否需要、产品是否是正品、促销是否是真的便宜等问题。

在这样的新环境下，电商企业要想引起理性消费者的兴趣，就应该根据目标人群的需求，求真务实地推广产品，并且营销人应该走近市场，了解消费者用以评估产品质量的各个信息源。除此之外，营销人还要从以下4个方面着手：

- 了解消费者自身的偏好、信仰和经历；
- 确定来自营销人的信息，包括包装、价格和广告等；
- 收集来自亲友、家庭和同辈人之间的信息；
- 收集关于消费者产品购买意向的调查问卷，通过数据分析制订针对理性消费者的营销活动。

4.3.3 目标人群的需求

随着网购的发展，越来越多的消费者趋于在网上购物，而电商企业很难将产品功能丰富至所有对同类产品有需求的消费者。因此，企业一般会根据自身的能力向目标人群提供符合其需求的产品。但是，企业在向目标人群提供产品时，总会遇到很多问题，如图4-11所示。

▲ 图4-11 思考关于目标人群的问题

电商企业找到目标消费者之后，就应该明确目标人群的需求，为此，企业可以从两个方面出发。一方面，企业应从多个角度了解消费者对产品的不同需求，可以利用数据分析，从不同的数据中寻找目标人群的需求、心理、偏好等；另一方面，企业可以从消费者所在地、网购某种产品的人群统计进行消费者心理研究，对关于消费者行为和需求的数据进行研究分析，找到目标人群的需求因素。

此外，还可通过问卷、座谈、家庭访问等方法收集相关数据资料，来深入了解消费者。

为了通过目标客户群体为企业带来更好的效益，企业需要从消费者的行为、态度、信仰、购买动力等各个方面来了解他们的真正需求。

第5章

优秀文案是怎样出炉的

学前提示

在电商如火如荼的时代，要将电商做好，必须要有好的文案，对产品进行美化。那么，如何做出优秀文案呢？本章将从不同的视角讲解优秀文案的制作。

要点展示

>>> 确定页面色彩风格
>>> 店铺个性化构图
>>> 店铺模块及文案使用

5.1 确定页面色彩风格

好的文案不是只依靠文字，而是需要各方面的配合，如页面的色调、文字的大小、店铺色彩风格等，这样才能打造出吸引消费者的页面及文案。下面先来讲解如何定位色彩。

5.1.1 了解色彩定位

电商店铺或网站首页的主色调确定好之后，需要使店铺或网站首页的整体设计保持统一，各个部分需要进行一定的**色彩呼应**，一般店招与页尾相呼应，左、右悬浮窗相呼应，为了使店铺色彩更加多变，不易产生视觉疲劳，店铺中部的模块可以适当加入不同色系以对不同类别产品加以区分。

色彩中的应用原则是"总体协调，局部对比"，简单来说，就是主页的整体色彩效果应该是和谐的，只有局部的、小范围的地方可以有一些强烈的色彩对比。

在选择店铺色彩时，需要根据产品以及受众群体的喜好来定，切忌仅仅按照企业独立的想法或喜好来确定。

例如，化妆品店铺的要定位色系，则需要考虑消费者的普遍喜好，然后留意其他化妆品店铺的常用色彩，一般普遍用蓝色、绿色、红色、紫色色系作为主色，黄色、橙色色系使用较少。

电商定位色彩之前还需要了解各种色彩的象征意义，才能选择一个符合自身产品主题的色系，如图5-1所示。

各种色彩的象征意义：

■ 红色：热情、活泼、热闹、温暖、幸福、吉祥、危险……
■ 橙色：光明、华丽、兴奋、甜蜜、快乐……
■ 黄色：明朗、愉快、高贵、希望、发展、注意……
■ 绿色：新鲜、平静、安逸、和平、柔和、青春、安全、理想……
■ 蓝色：深远、永恒、沉静、理智、诚实、寒冷……
■ 紫色：优雅、高贵、魅力、自傲、轻率……
□ 白色：纯洁、纯真、朴素、神圣、明快、柔弱、虚无……
■ 灰色：谦虚、平凡、沉默、中庸、寂寞、忧郁、消极……
■ 黑色：崇高、严肃、刚健、坚实、粗莽、沉默、黑暗……

▲ 图5-1 各种色彩的象征意义

选择色系之后，还需要了解色彩的配色原理，这样才会使得页面色彩协调、观感舒适，如图5-2所示。

配色原理

专业研究机构的研究表明：彩色的记忆效果是黑白的3.5倍。也就是说，在一般情况下，彩色页面较黑白页面更加吸引人。

配色原理小结：

1.色彩的鲜明性。网页的色彩要鲜艳，这样容易引人注目。

2.色彩的独特性。要有与众不同的色彩，使得大家对之印象强烈。

3.色彩的合适性。色彩和所表达的内容气氛要相适合。如用粉色体现女性的柔性。

4.色彩的联想性。由不同色彩会产生不同的联想，如由蓝色想到天空，由黑色想到黑夜，由红色想到喜事等，选择的色彩要和网页的内涵相关联。

▲ 图5-2　配色原理

5.1.2　提取配色

在电商中有3种常用配色方法，它们分别是从Logo中提取配色、从产品的本身属性提取配色、从产品的联想属性提取配色，如图5-3所示。

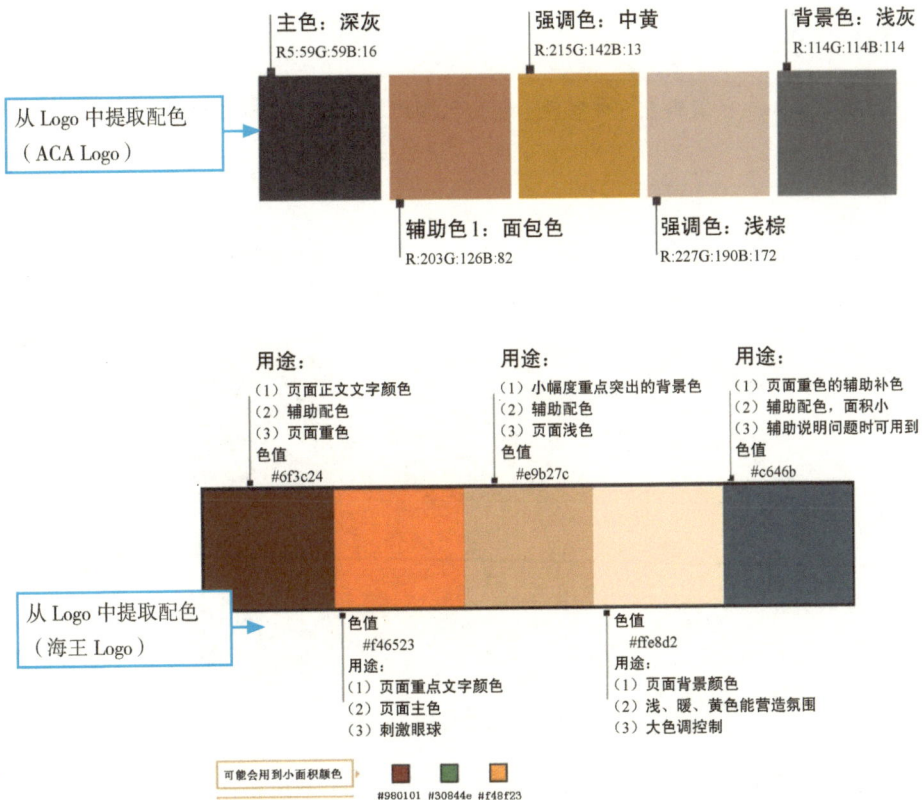

从 Logo 中提取配色
（ACA Logo）

主色：深灰
R5:59G:59B:16

强调色：中黄
R:215G:142B:13

背景色：浅灰
R:114G:114B:114

辅助色1：面包色
R:203G:126B:82

强调色：浅棕
R:227G:190B:172

用途：
（1）页面正文文字颜色
（2）辅助配色
（3）页面重色
色值
　#6f3c24

用途：
（1）小幅度重点突出的背景色
（2）辅助配色
（3）页面浅色
色值
　#e9b27c

用途：
（1）页面重色的辅助补色
（2）辅助配色，面积小
（3）辅助说明问题时可用到
色值
　#c646b

从 Logo 中提取配色
（海王 Logo）

色值
　#f46523
用途：
（1）页面重点文字颜色
（2）页面主色
（3）刺激眼球

色值
　#ffe8d2
用途：
（1）页面背景颜色
（2）浅、暖、黄色能营造氛围
（3）大色调控制

可能会用到小面积颜色

#980101　#30844e　#f48f23

93

主色:正红
R:208 G:33 B:28

辅助色2:土黄
R:166 G:106 B:20

背景色:暖白
R:251 G:200 B:134

从产品的本身属性
提取配色
（北极绒产品）

辅助色1:柠檬黄
R:254 G:206 B:38

强调色:浅褐
R:131 G:105 B:61

从产品的联想属性提
取配色
（产品是米蓝色的）

主色:深棕
R:109 G:85 B:73

辅助色2:中灰
R:88 G:88 B:88

背景色:暖白
R:237 G:224 B:218

辅助色1:浅棕
R:193 G:180 B:163

强调色:橙色
R:214 G:67 B:0

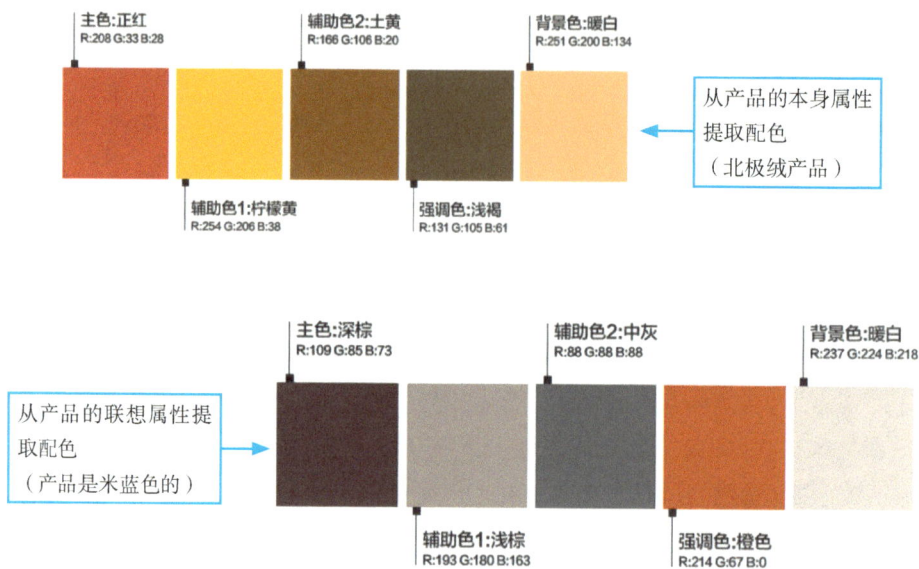

▲ 图5-3　常用配色方案

5.1.3　学会铺色

在店铺页面上一般存在3种铺色，包括氛围色、搭配色和功能色，它们的搭配比例如图5-4所示。

铺色
色彩盘使用面积

氛围色　　功能色　　搭配色

▲ 图5-4　常用色彩搭配比例

下面来分析婴儿装店铺页面色彩，如图5-5所示。

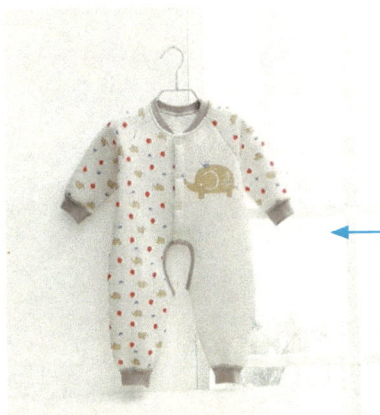

Step 1：
确定主推产品

深色图案

Step 2：
以产品色为选色依据
制定页面色彩体系

浅色衣服

搭配色

产品相关色
使用面积最小

氛围色

主推系列产品色
使用面积最大

Step 3：
了解 3 种铺色
的主要用途

功能色

与产品色和谐
对比强烈

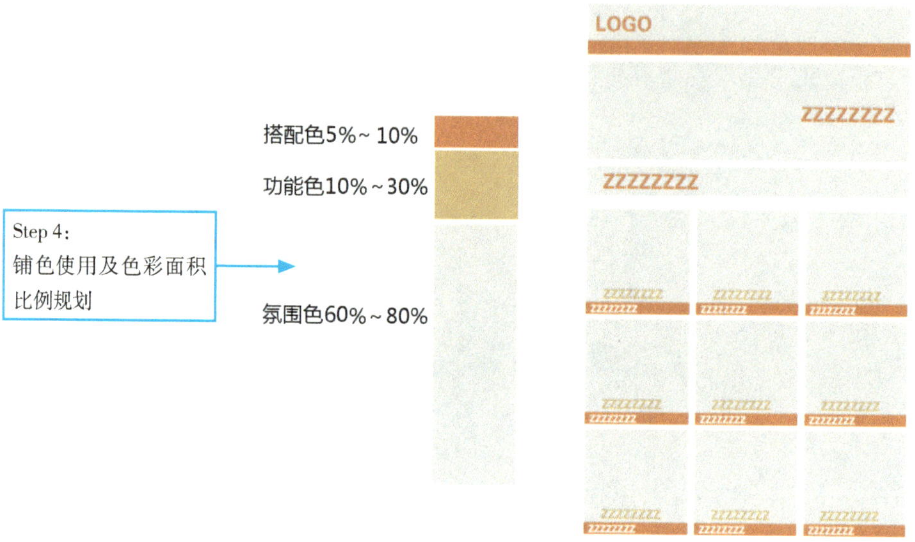
Step 4：
铺色使用及色彩面积比例规划
搭配色5%~10%
功能色10%~30%
氛围色60%~80%
LOGO
ZZZZZZZZ
ZZZZZZZZ

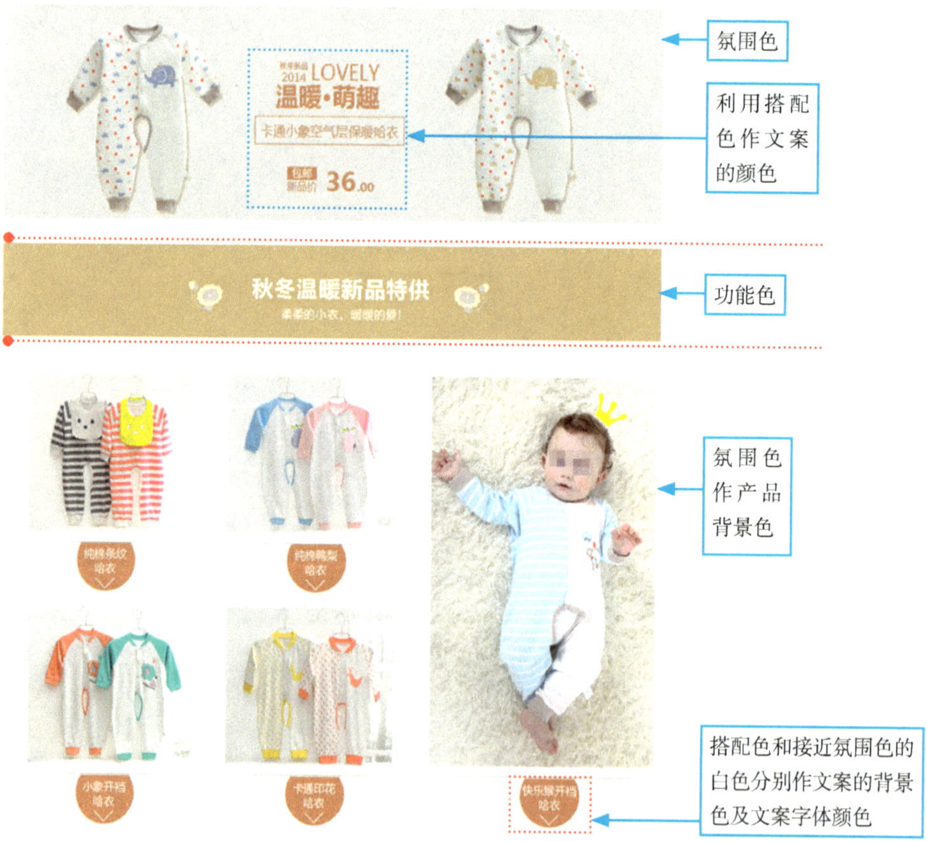
LOVELY
温暖·萌趣
卡通小象空气层保暖哈衣
36.00
秋冬温暖新品特供
氛围色
利用搭配色作文案的颜色
功能色
氛围色作产品背景色
搭配色和接近氛围色的白色分别作文案的背景色及文案字体颜色

▲ 图5-5　分析婴儿装店铺页面色彩

5.1.4　店铺色彩风格

　　学会配色之后，则需要定位店铺色彩风格，店铺风格需要色彩统一，且色彩应用风格统一。下面来看几则色彩风格统一的示例，如图5-6所示。

以黑色为主，突显出男装酷帅、时尚的风格

氛围色：黑色
功能色：白色
搭配色：灰色

服装类

以紫色为主色调，烘托出活力、闺蜜之间亲密的氛围

氛围色：深红色
功能色：黑色
搭配色：暗红色

以深红色为主，这是从产品上提取的主色调

化妆品类

以紫色为主，突出了化妆品能提升人们气质的特点

以粉色为主，从产品的包装上提取的主色调

食品类

以蓝色为主，可以给消费一种诚实的感觉，突显出产品不会出现质量问题

以产品的颜色为色调，以绿色作为搭配色，显示出产品的绿色、天然

食品类

以蓝色为主，给消费者一种朝气蓬勃的感觉

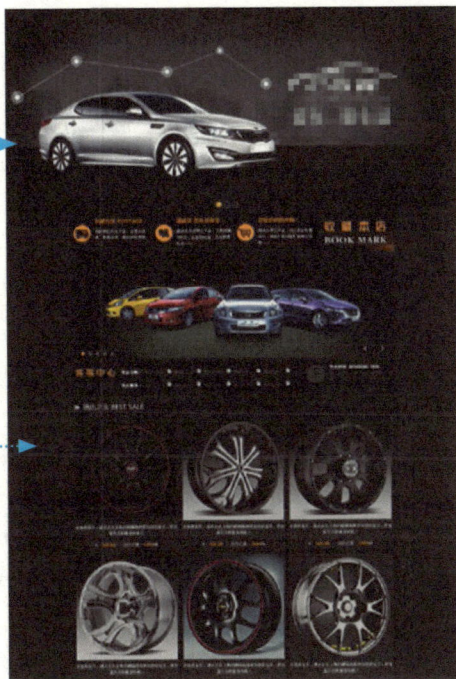

店铺色彩以黑色为主，烘托出了沉稳的产品特点

高端产品

▲ 图5-6　色彩风格统一的示例

5.2　店铺个性化构图

　　构图就是将表现主题模块的各个构成要素按照主次关系放置在画面相应的区域，打造层次分明的视觉感受，从而实现设计意图，只有构图确定下来了，那么文案随着构图走，才能做出精美绝伦的文案。

5.2.1　切割图

　　切割图，就是将整个页面以切割的形式呈现出来，一般切割图包括3种类型，即简单切割、对称切割、组合切割，如图5-7所示。

简单切割

对称切割

简单切割

▲ 图5-7　切割图的3种类型

下面就来看几则切割图构图的示例，如图5-8所示。

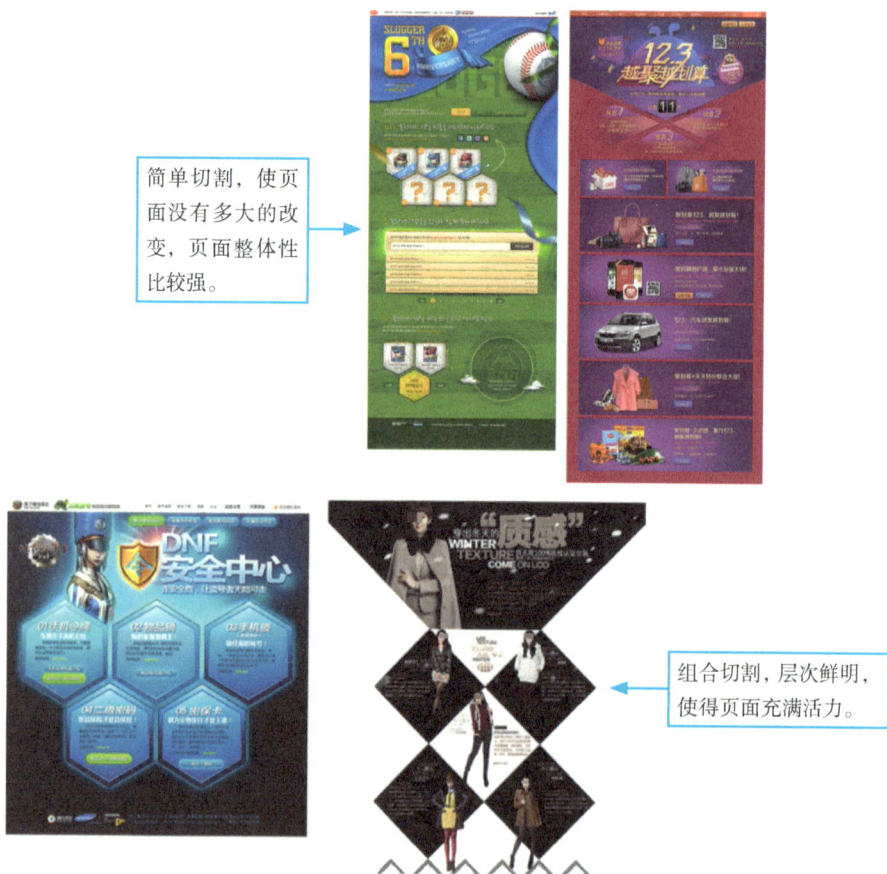

简单切割，使页面没有多大的改变，页面整体性比较强。

组合切割，层次鲜明，使得页面充满活力。

对称切割，色彩鲜明，划分界限明显，便于浏览

组合切割，层次鲜明，使页面充满活力

▲ 图5-8　切割图构图示例

5.2.2　主题轮廓

　　主题轮廓是指选择一个参照物，并以这个参照物的形状作店铺构图的主题轮廓。下面就来看几则主题轮廓构图示例，如图5-9所示。

参照图

参照图

参照图

▲ 图5-9 主题轮廓构图示例

5.2.3 视觉动线

当人们在看一件事物时，其视线在事物上移动时产生的方向或路径就是视觉动线。在电商页面设计中，这条视觉动线可以作为页面构图的焦点，可以用它来决定页面上各个元素（如产品文案、商品图片等）的摆放位置和顺序。

以视觉动线为基础设计的电商页面，可以很好地在有限的视线范围内，形成多个视觉焦点，从而快速吸引消费者的注意力。下面就来看几则视觉动线构图示例，如图5-10所示。

视觉动线为发散形，将视觉效果从中心向外散开，将文案放置在中心点的四周，可以使消费者不自觉地进行阅读。如右图所示，为向右视觉发散形构图

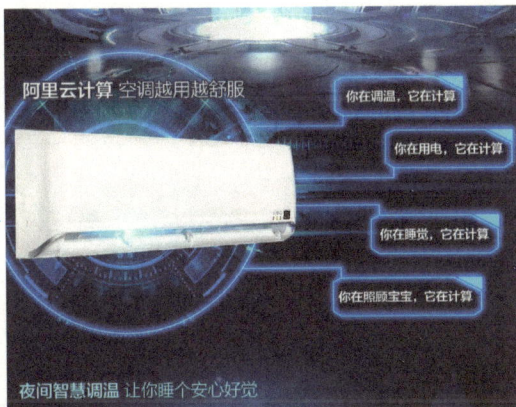

z字形视觉动线，为消费者打造一个"z"字的浏览视角，便于消费者快速浏览文案

视觉聚集形，将视觉效果聚集在一处，将文案放置在一起，这样节省了消费者浏览文案的时间

视觉动线为字母 S 形，该区域使用商品图片与文字结合的方式进行表现，每组信息中的文字和产品位置刚好相反，与下面的当季热销区中的商品刚好形成 S 形的视觉引导线

视觉动线为多个 z 字形，将视觉效果聚集在一处，这种是最常见的构图方式

▲ 图5-10 视觉动线构图示例

5.2.4 其他构图

电商构图还有3种常用类型，分别为放射及透视图、整体场景图、流程图，下面就来看几则示例，如图5-11所示。

放射及透视图 →

← 整体场景图

放射及透视图，将主题文案放置在某一个中心点，然后色彩从这个中心发散出去 →

流程图 →

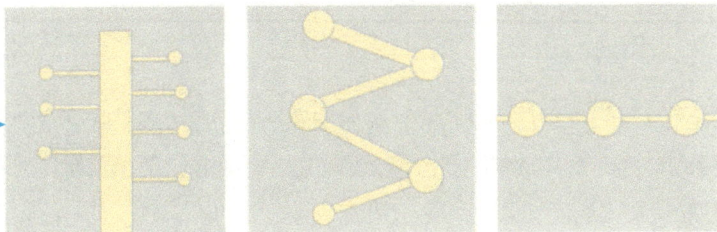

流程图，是一种记录细节的图，按先后顺序推导出主题

整体场景图，利用常见的场景，配上促销文案、产品图片即可

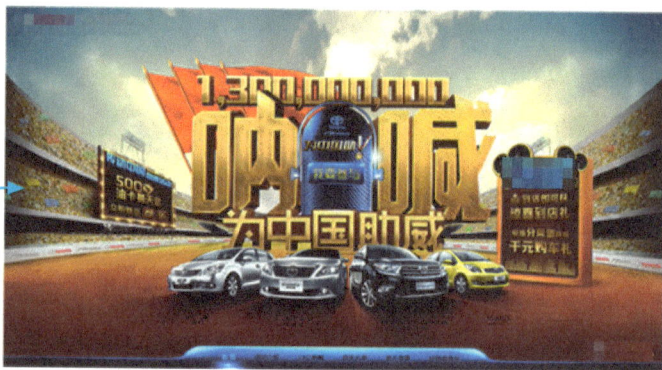

▲ 图5-11　3种常用构图示例

5.3　店铺模块及文案使用

店铺模块的设计及其文案的搭配在电商视觉营销中占有较大的比重，所以，想要将电商视觉营销做成功，就必须了解店铺模块的排版、用色、陈列及文案的使用方式。

5.3.1　店铺模块

电商企业在处理店铺模块时，需要注意不要用色太多，陈列不要太凌乱，促销文案不要加太多，视觉效果不要出现无章法的分散现象。下面就看几则店铺模块应注意的事项示例，如图5-12所示。

用色过多，文案没有主次，信息表达凌乱

图片陈列方向比较凌乱，产品展示角度应该选取最佳角度，需要添加产品介绍文案

图片陈列方向比较整齐，产品展示较为突出，添加了产品介绍文案

陈列方式没有问题，但每行最前面粗糙的促销文案设计会降低产品的品质感

整屏望过去，很多绿色色块，分辨不出哪个是买家需要重点关注的，散布的绿色色块分散了视觉的关注点，没有重点，买家很难产生兴趣，很容易导致消费者快速离开的现象

▲ 图5-12　店铺模块应注意的事项示例

5.3.2　文案设置

文案在电商视觉营销中起到了非常重要的作用，如图5-13所示。

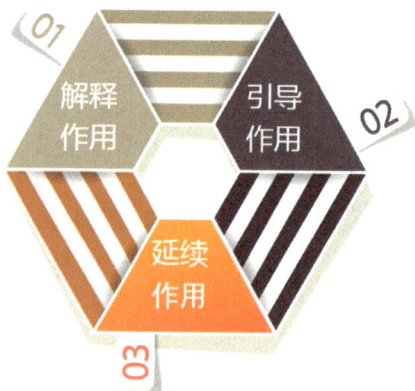

▲ 图5-13　文案在电商视觉营销中的作用

在电商店铺中，文案需要注意以下几点：

- **字体设置为宋体**；
- **字号最好大于**12号；
- **文案重点部分要突出**；
- **字体颜色需要把握好**，按照店铺整体配色进行文字颜色的选择；
- **文案不宜过于复杂**。

专家提醒

电商企业想将自己的文案做得优秀，就必须掌握文案所在页面的整体情况，并不是只将文案写得优美，符合产品理念就可以了，还需要在视觉上吸引消费者的眼球，勾起消费者的购买欲望。

第6章

一句话、一幅图直达营销核心

学前提示

有时候，一句话、一张图片比长篇大论的阐述更能直达人们的内心。抓住人们的痛点和需求，才是营销成功的关键。

要点展示

>> 一句话文案的营销核心
>> 如何提炼"一句话"文案
>> "一幅图"的选择

6.1 一句话文案的营销核心

在如今这个火热的电商时代，长篇大论的文案已很难受到青睐，反而是"简洁"当道，哪个电商企业能用简短的一句话拨动消费者的心弦，就能成为营销胜者。

6.1.1 一句话能打动消费者吗

在现实生活中，有很多朗朗上口的广告文案，几乎都是一句话或不超过3句话，如"怕上火，就喝王老吉""特步，非一般的感觉""只溶在口，不溶在手"等，堪称经典的广告文案。

这些文案极其讲究语句的结构、语法的正确性，并且根据产品特点、消费者需求等因素进行创作，而非用华丽的词藻胡乱堆砌，也不是一味追求诗一般的意境。只有求真、朴实，针对消费者需求制造出的创意，才能以一句话来打动消费者。

很多电商企业都会用"**一个价值点＋一个触动力**"的方式，进行"一句话"营销，将脍炙人口的广告语文案深深印入消费者的脑海中，使他们过目不忘，回味良久，如图6-1所示。

哈根达斯 爱她，就请她吃哈根达斯

笛莎 每个女孩都是公主

裂帛 向内行走

佳洁士 没有蛀牙

百事可乐 新一代的选择

阿里巴巴 让天下没有难做的生意

▲ 图6-1 "一个价值点＋一个触动力"示例

通过"一个价值点＋一个触动力"示例，我们可以看出一个好的文案之所以能打动消费者，是因为这些文案可以与消费者在情感上产生共鸣，从而使得消费者认同它、接受它，甚至主动传播它。

💡 **专家提醒**

一个好的文案除了可以与消费者产生情感上的共鸣之外，还需要语句简短，无生僻字，易发音，无不良歧义，具有流行语潜质，讲究文采。

6.1.2 一句话如何打动消费者

在电商领域，成功的一句话文案一般都具有3个特点，如图6-2所示。

▲ 图6-2 一句话文案的特点

电商企业可以结合产品本身的特点、功能等因素来进行一句话文案的创作。下面来看几则电商一句话文案示例，看看电商企业是如何提炼一句话文案的，如图6-3所示。

宁可胖得精彩，不愿瘦得雷同

此文案是针对产品的目标消费人群进行创作的，直扣消费者胖但想变漂亮的想法

此文案是针对产品的普遍消费人群进行创作的，提出"不是衣服挑人，而是随人的心灵来挑衣服"的理念

——衣服是穿在身上的心灵

此文案是根据产品定位进行创作的，突出了店铺对产品的自信程度，并告知消费者目前所卖的产品是潮品

此文案是根据品牌来创作的，以品牌中的"初"字与"初遇"想呼应，营造了甜美、清新的气氛

没有**坐**不到

趣味性十足的文案，很容易吸引消费者的注意力

此文案是根据产品特点＋消费者心理进行创作的，既突出了产品的甜，又刺激了消费者的眼球

甜过初恋

文字配上图片，一方面突出了这款遮阳伞的用途，另一方面突出了遮阳伞的质量

不只一层的呵护

▲ 图6-3 一句话文案示例

115

💡 **专家提醒**

　　简单来说，一句话文案只要从消费者需求出发，以产品特性、定位、风格、品牌为主题进行创意展现，那么就能轻而易举地打动消费者。

6.2　如何提炼"一句话"文案

　　一句话文案并不是一个独立的个体，并不是随意想到的一句比较符合产品主题的话就能成为一句话文案，也不是一句充满诗情画意的优美句子就是好的一句话文案。下面我们来了解提炼一句话文案的5种方法，亦即过程。

6.2.1　做加法

　　电商企业在写一句话文案之前，不要给自己限定范围，可以异想天开，可以画蛇添足，总之，想到什么就将它写下来，将自己的思维无限扩展，让自己的大脑处于完全开放的兴奋状态，形成连锁反应，不断地扩大产品可塑性、趣味性等，即做加法。下面我们来看某电池通过"做加法"为产品提炼的一句话文案，如图6-4所示。

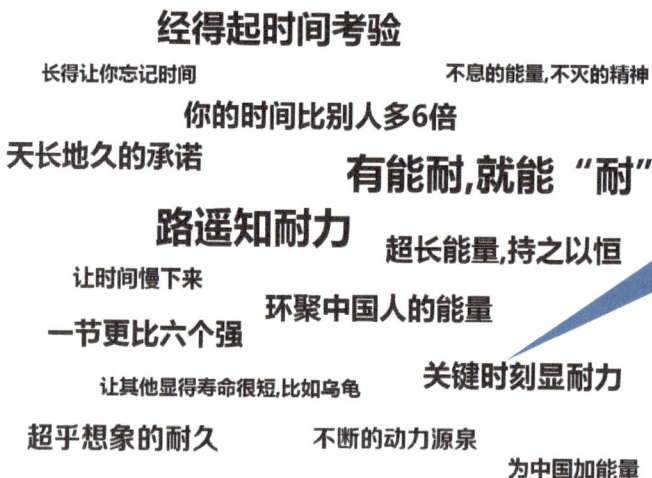

经得起时间考验

长得让你忘记时间　　　　　不息的能量,不灭的精神

你的时间比别人多6倍

天长地久的承诺　　有能耐,就能 "耐"

路遥知耐力　　　　超长能量,持之以恒

让时间慢下来

环聚中国人的能量

一节更比六个强

让其他显得寿命很短,比如乌龟　　关键时刻显耐力

超乎想象的耐久　　不断的动力源泉

为中国加能量

这些文案没有限定创意思维，充分利用修辞手法进行思维扩展

▲ 图6-4　做加法

6.2.2　做减法

　　做减法，顾名思义，是从原有的文案中删减，挑选出最能吸引消费者注意力的、最容易记忆的文案，一般常用的做减法的方式有两种。

1.直接减去文案

如果我们将文案比作树枝，那么需要将一堆杂乱的树枝进行修剪，才能形成好看的形状。我们将前文所提到的"做加法"文案利用"做减法"进行删减，如图6-5所示。

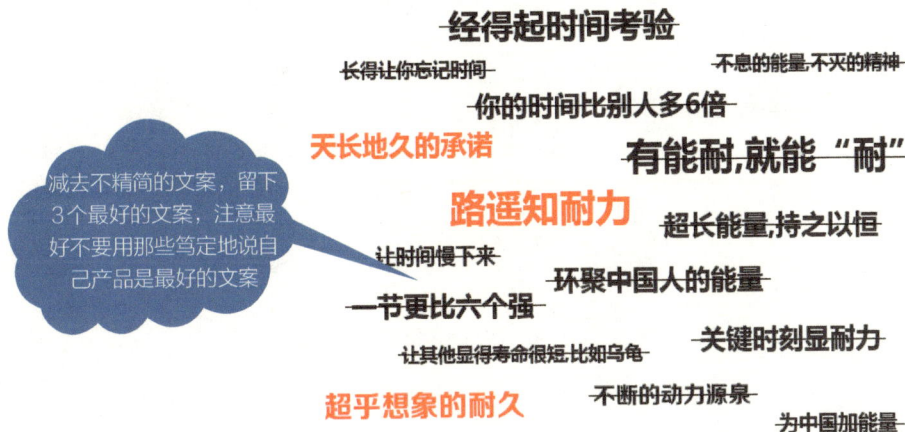

经得起时间考验

长得让你忘记时间

不息的能量，不灭的精神

你的时间比别人多6倍

天长地久的承诺

有能耐，就能"耐"

路遥知耐力

超长能量，持之以恒

减去不精简的文案，留下3个最好的文案，注意最好不要用那些笃定地说自己产品是最好的文案

让时间慢下来

环聚中国人的能量

一节更比六个强

关键时刻显耐力

让其他显得寿命很短，比如乌龟

超乎想象的耐久

不断的动力源泉

为中国加能量

▲ 图6-5　直接减去文案

2.在文案上精简

在文案上精简是指在原来的文案基础上删减不必要的文字、词语，包括：

- 前后重复的词语；
- 不必要的修饰语；
- 不影响句子表意的其他词汇；
- 可用更短词汇代替的词语。

💡 **专家提醒**

在做减法时，要尽量利用产品核心关键词来代替整句话，使文案看起来更加精练，且容易记忆。研究表明，相较于长句，短句、断句更有利于用户对广告的阅读和记忆；对于相同字数的广告语，有断句的广告文案看起来更短；对仗句读起来更加朗朗上口，短句则会使文案更加短促有力。

6.2.3　收集素材

在做文案之前，还可以收集与产品相关的素材，包括同类产品的图片、相关网站、时尚杂志，甚至是诗集，都可以收集在一起并分类放置，作为创意思维的参考资料，如图6-6所示。

PSD源文件	背景图	边框	创意图	店招	分类图	风景图	高大上
光效素材	海报高清1920	海报素材	临时 未完成	描述分隔条	明星素材	时尚个性	矢量素材
首页设计	细节图模板	详情页模板	小清新	炫酷	优秀海报	直通车图	主图

▲ 图6-6 收集素材的存放方法

当看到合适的图片时，需要确认图片是否侵权，是否有水印，如需要截图，则存储格式需要用无损格式BMP或PNG。还需要根据店铺风格定位收集素材，特别要注意4个方面，如图6-7所示。

色调和谐

起到衬托作用

注意事项

风格元素统一

不与产品造型冲突

▲ 图6-7 收集素材的注意事项

一般来说，最好的素材是那些成功文案里的素材，可以多收集，并研究它们的特点。下面我们来欣赏2则成功的素材，如图6-8所示。

儿童服装——可
爱俏皮的素材

运动鞋——酷炫
时尚的素材

▲ 图6-8 成功素材示例

💡 **专家提醒**

在选择素材的时候，一定要贴合自己产品主题进行选择，这样才能体现素材的价值，才能使之为文案所用。

6.2.4 穷举法

穷举法也称为列举法，它是在原句的基础上做最基本变化的一种方法，只是穷举法比较耗费时间，很多电商企业都不愿意去花这个时间，害怕花费大量的时间却做无用功，因为他们只想得到一步到位的文案，不想花费过多的时间、精力、人力。

可事实上，创意是不可能一步到位的，常常需要多次的尝试才能成功，而穷举法是提炼文案的一种最基本的方法。穷举法通过变换文字表达的角度，进行不断的衍变，将每个词汇、句式都列举一遍，直到没有办法再进行修改为止。

穷举法可分为基本穷举与花样穷举两大类。

基本穷举，是在原句基础上做最基本的变化。

花样穷举，是在原句上另加元素，以改变原句调性为主。

下面就以"桌上有一瓶水"为例，进行基本穷举与花样穷举，如图6-9所示。

基本穷举，在原句基础上做敢基本变化，如：
桌上有一瓶水。
桌上放着一瓶水。
桌上只有一瓶水。
一瓶水在桌上。
一瓶水放在桌上。
有一瓶水在桌上。
水有一瓶在桌上。
……

花样穷举，即另加元素，以改变原句调性，如：
设问：桌上有一瓶水？是的。
反问：难道你没看到桌上的一瓶水？
加入英文：桌上有一瓶Water。
加入阿拉伯数字：桌上有1瓶水。
加入术语：桌上有一瓶H_2O。
加入标点：桌上。有。一瓶。水。
角度反转：桌子放在一瓶水的下面。
其他角度：桌子与一瓶水相互吸引在一起。
用典：桌子上放着一瓶安徒生童话里的水。
口语化：桌上搁着一瓶水。
尊贵：一只檀木雕花的桌上，静置着一瓶从阿尔卑斯山采集的水。
……

▲ 图6-9 穷举法示例

💡 **专家提醒**

简单来说，穷举法就是尽可能地写出一个句子的所有表达方式，然后再进行筛选，选出最契合产品理念的文案。

6.2.5 奇思妙想

奇思妙想，就是挖掘产品的戏剧性，然后将其发挥到极致，但是需要注意的是，尽管是奇思妙想，也不能脱离产品主题，最好是针对消费者心理进行脑洞大开的想象，集思广益地进行文案的创作。下面就来看几则文案示例，如图6-10所示。

抓住妈妈们想要永远年轻的心理

妈妈的不老神话
Ma Ma De Bu Lao Shen Hua

Love you like a guardian angel
My Heart Will Go On

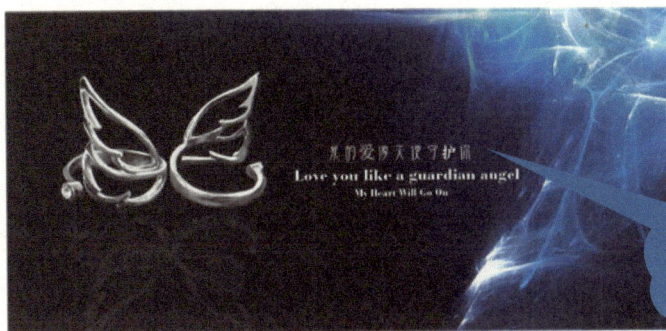

抓住女性想被守护的心理，进行拟人化的展现

发挥想象力，把汽车产品标志和书结合起来，含义深远

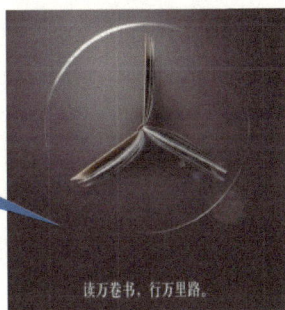

读万卷书，行万里路。

消毒液　消毒液

利用歌词，为消毒液营造一种文艺的气息

有没有那么一滴眼泪/能洗掉后悔/化成大雨降落在回不去的街
——《如烟》

突出空调使用人群的范围

大人/在冷气房作战/小孩/在阳光下逃难。
——《晚安地球人》

你 话中的计算/准确的伤害/像精心打造的对白。

——《我们》

利用拟人手法，突出计算器的精准性

营造一种文艺的气氛，点出香水的重要性

青苹果是你野蜜的甜/牛奶与蜜是你的语言/沉默尤其是一种迷迭/当你无心轻轻地拒绝。

——《香水》

利用优美的句子，突出称重器的重要性

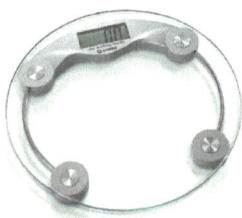

灵魂能有多重？为何刮起狂风/还是不能飞走。

——《被窝星球》

▲ 图6-10 奇思妙想的示例

在写奇思妙想的文案时，一定要明确文案是写给谁看的，清楚目标人群的同时，仔细揣摩产品特点，思考用什么语调与目标受众说话。

6.3 "一幅图"的选择

优秀的电商文案是基以文字+图片的模式而形成的，所以仅有"一句话"是不够的，还必须有能配合"一句话"并能展现出产品特性、促销信息或活动主题的"一幅图"，才能形成优秀的电商文案。下面讲解"一幅图"的选择。

6.3.1 图片的呈现方式

在电商圈，一次成功的电商视觉营销和一个优秀的电商文案，都需要在图片上下功夫，只有一幅好的图片才能与符合主题的文案相得益彰，才能吸引消费者的注意力，刺激消费者的购买欲望，帮助电商企业盈利。

那么怎样的图片才能引起消费者的注意呢？图片该如何呈现呢？其实只要掌握5个方面即可，如图6-11所示。

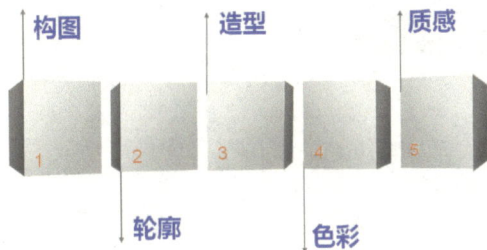

▲ 图6-11 图片的呈现方式

下面就用几则示例，进一步了解图片的呈现方式，如图6-12所示。

图片的轮廓能突显主题，文案的排版、图片的摆放位置都属于轮廓的范畴。

图片要有一个符合产品主题的轮廓，即能精致地突显出整幅图的质感，以及可读性

图中的造型，是指美观的摆放方式。

利用层叠的形式摆放图片，再加上简短的文案，突出产品的层次感及图片的可观赏性

利用不同角度的摆放，可以突出产品的细节部分，以及每个角度的客观性

图中的色彩需要切合主题，整体色彩统一不冲突也是表达情感的重要因素

以蓝色为基调，整张图片从视觉上可以让消费者产生舒适感，贴合宝宝的形象，再加上创意文案，可以给消费者带来一种宁静之感

图片的质感是指物体表面触感的视觉诠释

这幅图将剃须刀放在冰块里，让人们通过视觉感受到剃须刀的冰感

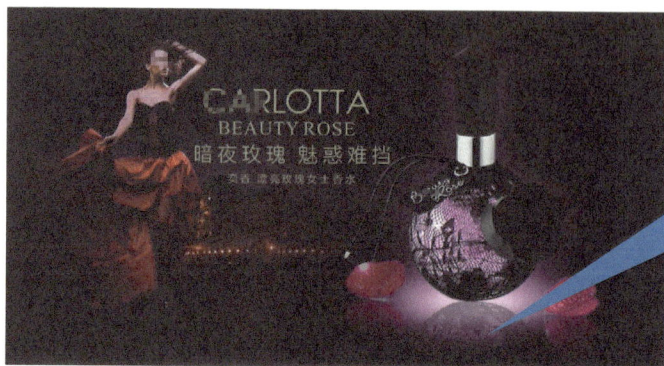

利用产品＋模特＋文案的视觉呈现，让消费者仿佛闻到了从模特身上散发出来的香水味

▲ 图6-12 图片的呈现方式示例

6.3.2 "一幅图"需要促销

"一幅图"不单是产品图片或者一张富有画面感的海报图、广告图，它是一幅需要利用促销信息来引起消费者兴趣的图片，不过促销信息不能太多，有一个主题即可。下面来看几则促销图示例，如图6-13所示。

主题是全场5折，用优惠简洁高效、单刀直入地引起消费者的兴趣

主题是全场特价5折起，很简洁地介绍主图活动规则

一般有促销主题的图，图上只需要突出促销信息及产品图即可

图片整体色彩应该和谐，不要出现颜色上的冲突，促销字体颜色的选择应与背景色相呼应

▲ 图6-13　促销图示例

图片上的促销活动并不是随意设置的，如果每天都能看到一个企业的促销信息，那么它就不会引起消费者的注意了，反而会让消费者觉得这家企业只是打着促销幌子在营销而已，甚至会因此损害企业在消费者心中的形象。

那么电商企业要如何寻找一个合理的促销理由呢？其实非常简单，如利用节日、企业纪念日作为主题，打出"老板娘生日"的口号，回馈新老用户等，这些都能作为一个合理的促销理由。

💡 **专家提醒**

电商企业做促销图时，一定要为促销找到一个理由，而且这个理由必须合理，理由合理的程度反映在消费者对促销图心目中对企业促销力度强弱的认定上。如果消费者对促销图点击量大，说明促销力度强，促销理由是合理的；反之，则促销图是失败的。

电商企业在做促销图时经常会陷入4个误区，要想做好电商文案规划和视觉营销，就需要规避这4个促销误区，如图6-14所示。

电商在做促销图之前，可以将一些有价值的信息整理一遍，然后根据整理出的资

料决定促销图的促销主题、文字大小、文字颜色、背景色等。下面来看促销最简公式，可以根据这个公式进行制作促销图前的准备，如图6-15所示。

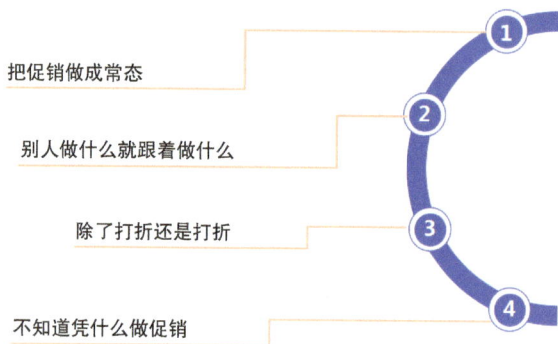

▲ 图6-14　4个促销误区

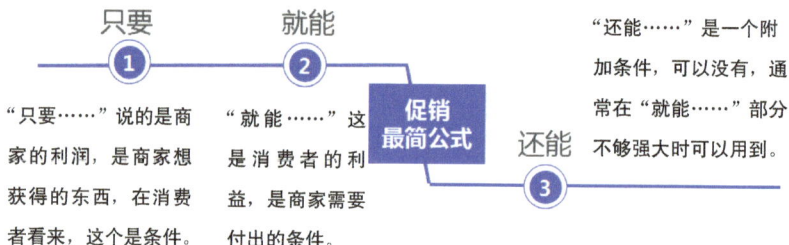

▲ 图6-15　促销最简公式

6.3.3　"一幅图"需要卖点

　　成功的"一幅图"需要卖点，有了卖点才能吸引消费者的眼球，只有吸引了消费者的眼球，才能将产品详情展现到消费者的面前，进行产品的宣传。那么该怎么做才能挖掘出卖点呢？其实很简单，可以将人们的生理特征与产品特性相结合，进行卖点的阐述，引起消费者的注意，具体的生理特征如图6-16所示。

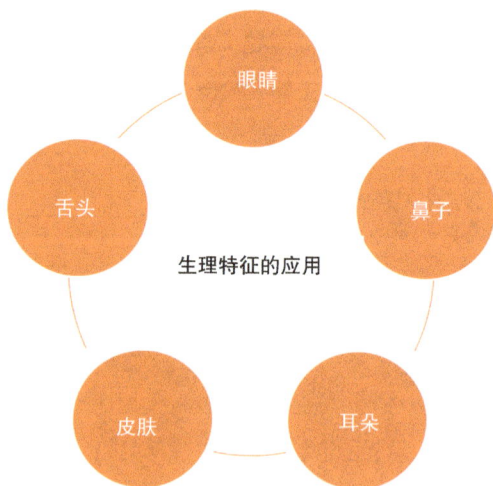

▲ 图6-16　人的生理特征

下面来看几则卖点图示例，如图6-17所示。

卖点：利用耳朵来突出产品降噪的特点

翻书一般的轻音

6层降噪工艺

卖点：利用耳朵来突出产品的静音性

我知道你DE
耳朵很挑剔

美的1档运转时为42分贝，超静音，夏日更清静

解决眼睛'过劳损'

☑防眼干 ☑防眼涩 ☑防血丝

卖点：利用眼睛来突出产品能解决"过劳损"

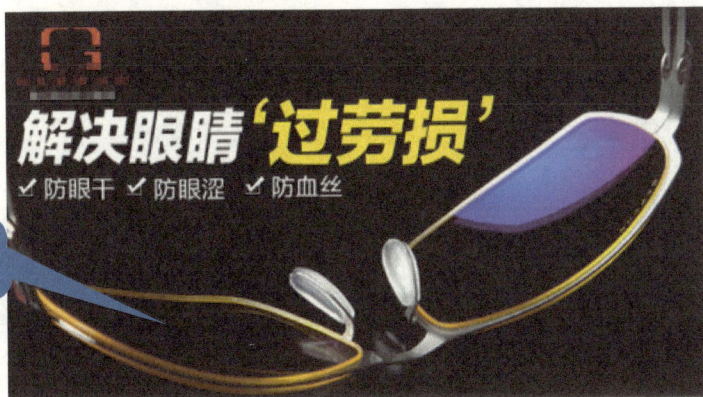

抛出男人选香这一卖点，引导消费者思考产品是怎样"打破传统，突破界限"的

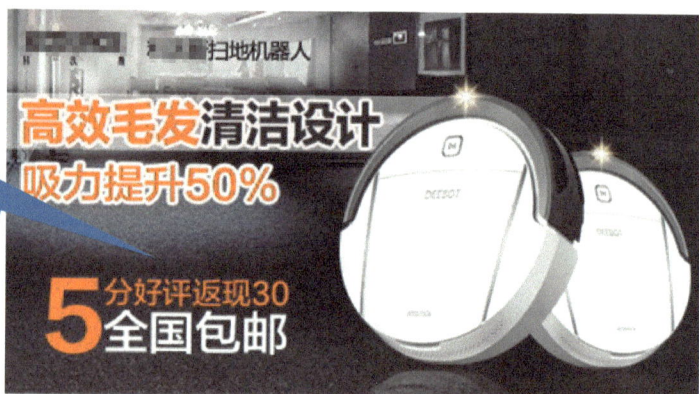

卖点：突出产品吸附力强

卖点：突出产品为纯手工打磨，且材料是小叶紫檀

卖点：突出产品不会冒烟的特点

▲ 图6-17 卖点图示例

除了通过人们的生理特征进行卖点的制造之外，还可以从店铺评价中提取卖点，如图6-18所示。

评价提取卖点整理方法	
1	搜索自己产品所在类目中流量较大的精准关键词，并按销量进行排序
2	选择和自己产品多维度相似的产品（可选多家店铺），将顾客好评逐页复制粘贴到Word文档里
3	将评价中出现的体验型关键词复制并替换，记录替换次数（例："收腰"仍替换为"收腰"，此操作只为统计收腰一词最后出现的次数，得到结果为替换了52处，那么说明"收腰"这样的信息在客户体验中被关注52次）
4	将搜索到的关键词收集到Excel表格里，并记录每个词出现的次数
5	将所有记录按出现次数排序。关键词出现的次数越多，说明这个点越受客人关注

注：关于产品中评、差评，也可以用此法分析，分析顾客给中、差评的原因主要是什么，并予以修正。

▲ 图6-18 从店铺评价中提取卖点的方法

6.3.4 "一幅图"需要风格

"一幅图"在被用来制作文案和主题之前，应该确定其风格，以风格为基础进行文案的修饰及图片主题的选定。所以说，风格的选定是极其重要的。

在图中，风格的作用就是引起消费者的共鸣，营造氛围，将消费者带入到这种氛围中，使其身临其境般地在这种氛围里体会文案所说的内容，产生某种程度上的共鸣，甚至引起消费者的购买欲望。

下面来看几则风格图示例，如图6-19所示。

风格：富有复古元素的图片营造出古香古色的气氛，并加上"国货专场"，可以吸引到喜欢国货、支持国货的消费者

风格：给消费者营造出了一个童话梦

风格：给消费者营造出了一个功夫梦

▲ 图6-19　风格图示例

第7章

文案创意写作从首页开始

学前提示

电商文案创意写作应该从首页开始，因为首页是最先展示在消费者面前的页面，如果不能在首页吸引住消费者的目光，那么再好的产品也很难被消费者赏识。

要点展示

>>> 了解首页
>>> 首页各模块的视觉文案

7.1 了解首页

首页可以说是电商企业的脸面，如果首页不美观，不能吸引消费者的注意力，那么不管企业产品有多好，也很难被消费者赏识、购买。当然，首页不能只有图片，还需要配上文字，才更具可读性。接下来，我们先了解下首页。

7.1.1 首页的重要性

在电商视觉营销中，首页是决定营销能否成功的因素之一，如果首页图片放得太多、不美观，文案不贴切，会损害消费者对企业或品牌的印象。对于电商视觉营销来说，首页具备以下3个重要特点，如图7-1所示。

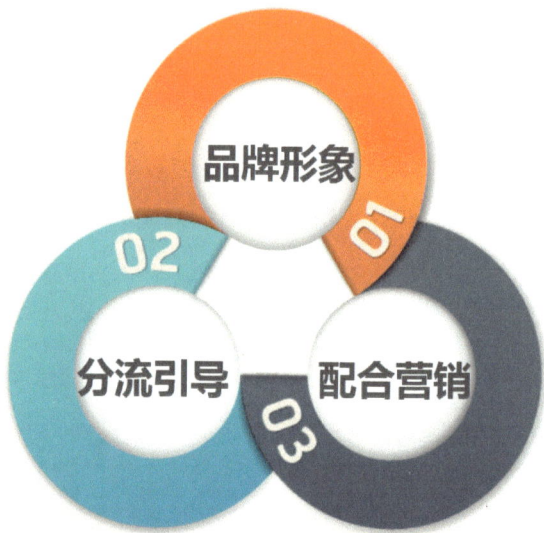

▲ 图7-1　首页的重要特点

从图7-1可知，如果首页没有设计好，会损害品牌形象，减少分流引导次数，影响营销成功率，所以，首页的文案、布局、视觉效果都非常重要。

- 文案。需与匹配图片的主题相符合，并且文字篇幅不宜过长。
- 布局。布局要合理，千万不要只以产品图片为主。
- 视觉效果。首页色彩不要太杂乱，要有一个主色调，辅色调不要太多，只要能起到点缀的作用即可。

下面来看几则首页布局示例，如图7-2所示。

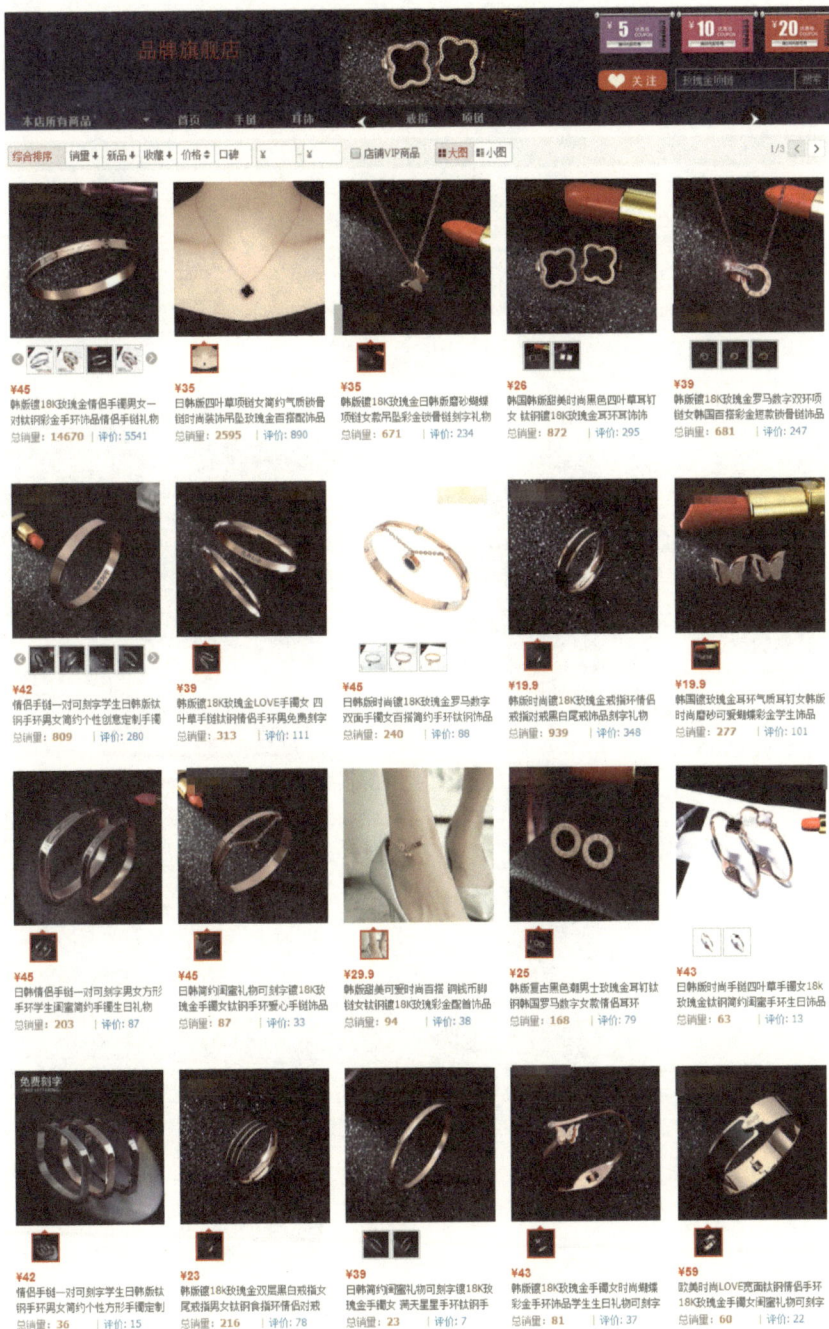

这种属于产品堆积型首页，这种布局是非常不合理的，这个首页一打开就有500多个图要下载，产品分类和推荐让人眼花缭乱，响应时间、挑选时间都被无形延长了，这会使得消费者的购买欲望降低，甚至出现再也不来光顾的情况

这种首页就不是单一放置商品图片的首页了，它有首焦图，即放最有推销力度的产品促销图，然后融入文案，制作出一个有看头、不枯燥的首页图，这种首页图美观、布局合理，给消费者一种赏心悦目的感觉，能有效增加网站的点击率

▲ 图7-2　首页布局示例

7.1.2　首页架构布局的划分

首页架构布局的划分是电商企业进行电商视觉营销需要注意的一个环节，它的重要性也是不可小觑的。

- 展现品牌形象。
- 可以重点展示核心商品。
- 只要规划科学、页面统一，就能使页面看上去不杂乱无章。
- **好的首页架构布局能提升消费者的购物体验。**

一般做架构布局的顺序是先建框架，后添枝加叶。例如，在淘宝的网店装修后台就有一个布局管理的子模块，专门用来做架构布局，如图7-3所示。

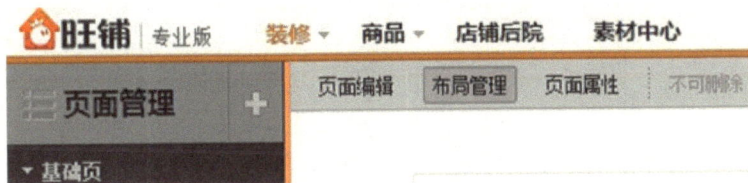

▲ 图7-3　淘宝网店装修布局管理后台

淘宝网店装修布局管理后台将首页分成首头、页中、首底，如图7-4所示。

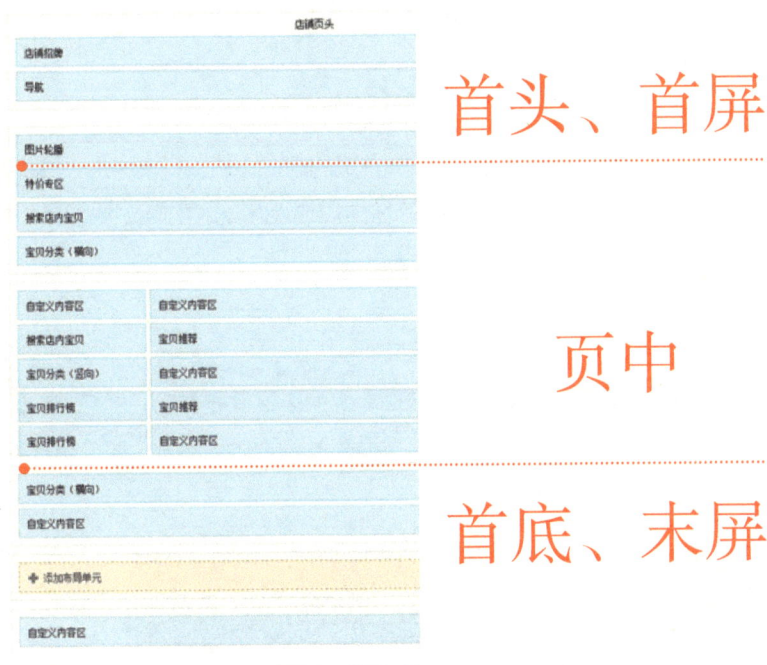

▲ 图7-4　淘宝网店装修布局管理后台分界点

通过淘宝网店装修布局管理后台分界点，我们可以清楚地看到在首头、页中、首底应该放置什么，如图7-5所示。

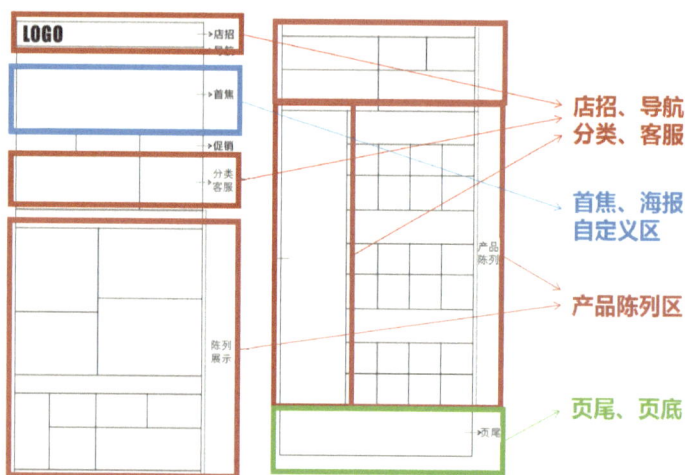

▲ 图7-5　首头、页中、首底应该放置的东西

7.2　首页各模块的视觉文案

在了解了首页的架构之后，还应该掌握首页的组成模块，只有将每个模块弄清楚，才能设计合适的文案，使得首页在电商视觉营销上起到充分的作用。一般首页由店招、导航、分类、首焦等组成。

7.2.1　店招

店招的特殊性在于它是品牌展示的窗口，好的店招需要有明确的品牌定位和产品定位，此外，还可以增加一些促销元素。下面来看几则店招示例，来分辨哪种店招才是电商企业所需要的，如图7-6所示。

太简单，文案中不能只有品牌

文案中有品牌、产品定位，还加了促销信息

太简陋，有明确的品牌定位，但产品定位不明确

无明确的品牌定位，产品定位也不明确

有明确的品牌定位，有明确的产品定位

▲ 图7-6 店招示例

　　通过示例可知，首页中的店招必须明确品牌定位、产品定位，这样才能不浪费这么好的一个位置，并且店招还是一个黄金广告位，如图7-7所示。

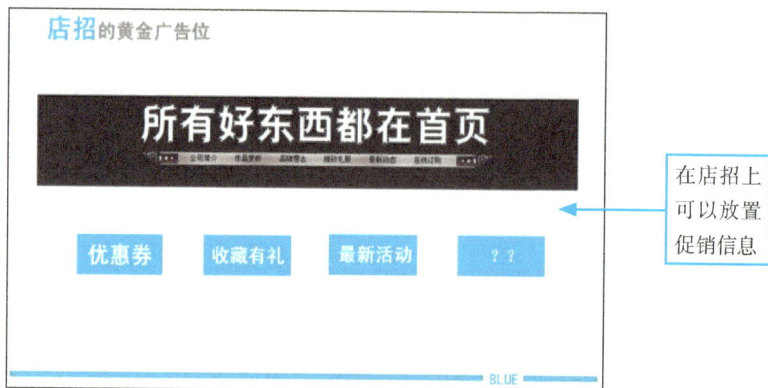

▲ 图7-7　店招是一个黄金广告位

7.2.2　导航

导航是为方便消费者搜索商品而设置的，如同商场里楼层悬挂牌上所列出来的分类。下面来看几则导航示例，如图7-8所示。

▲ 图7-8　导航示例

一般在导航条上，最佳分类为7个，其中第1个、第2个和最后一个分类是最优位置，而且在导航条上不要设置太多的导航分类，最好是使得导航分类点击量均衡，如图7-9所示。

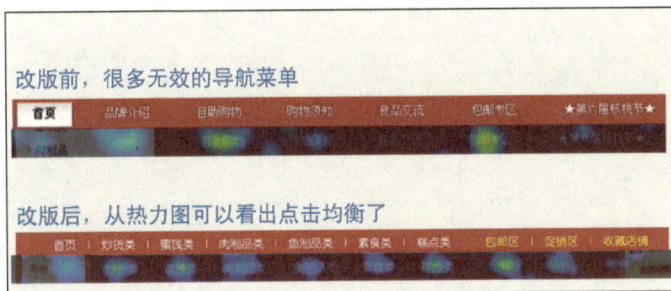

▲ 图7-9　导航条及其分类示例

7.2.3　分类

分类类似导航的作用，它一般位于首页的左侧，电商企业在设置分类的时候需要注意：

- 充分考虑产品属性和受众的浏览习惯；
- 新品和特价分类尽量靠前；
- 分类并不是越多越好；
- 清晰明了是基本要求；
- 不要出现无产品的分类。

下面来看几则分类的示例，如图7-10所示。

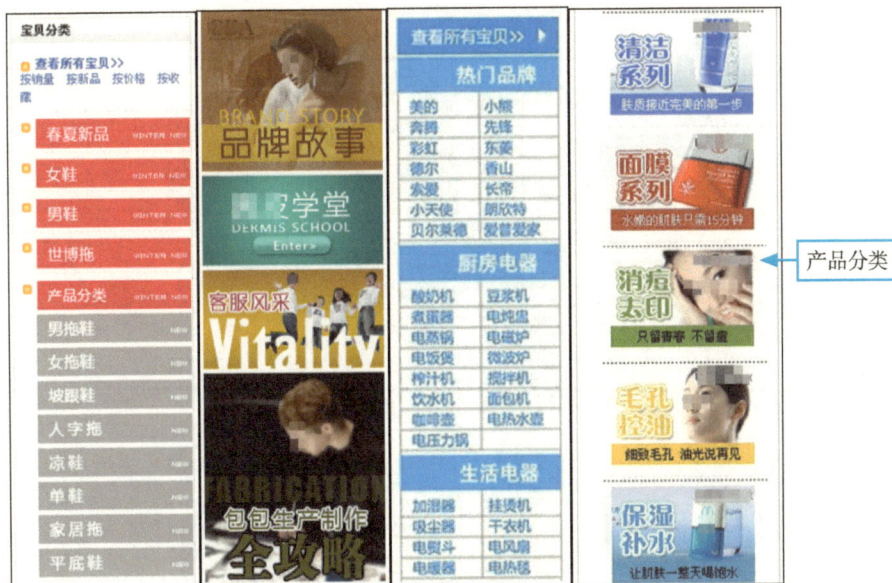

141

热门分类
全场
Hold住荷包！
5折起
满就减
满200减10
满300减20
收藏本店
点击收藏>
店铺会员制度
MEMBERS SHOP
热门搜索分类
热门分类
热门分类 Product Cotegory
会员1元换购
淘金币专场
新品上架
包邮套餐
果蔬脆片
每日特价
促销活动分类
打折
kids
woman
TRF
man
AW.15

▲ 图7-10　首页分类示例

7.2.4 客服

在首页不同位置都放置客服标志，方便买家随时和卖家联络，如图7-11所示。

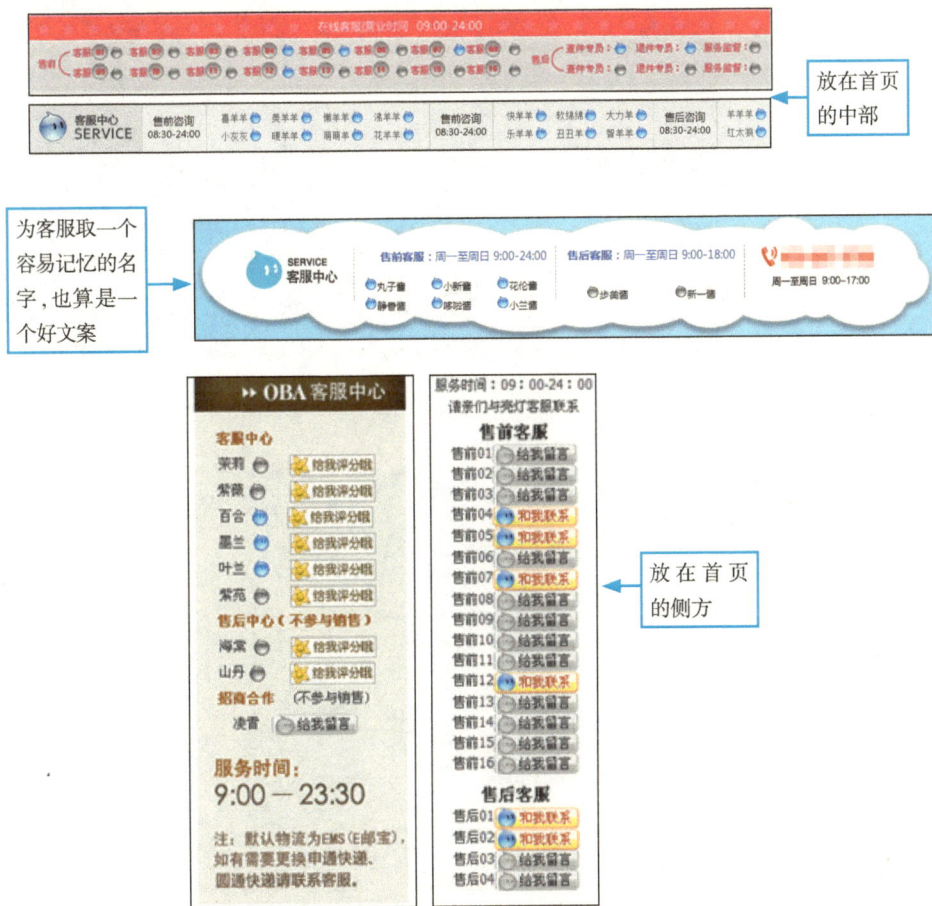

放在首页的中部

为客服取一个容易记忆的名字，也算是一个好文案

放在首页的侧方

▲ 图7-11 首页客服示例

7.2.5 首焦

一般在店铺首页店招和导航下面放促销的广告图，称之为海报、首焦，可以用来做品牌展示、新品展示、活动展示，还可以用轮播形式循环播放。

值得注意的是首焦需要放置最重要的信息，包括促销、产品、价格等，并且在首屏尽可能展现完整首焦。

下面来看几则首焦图示例，如图7-12所示。

优美的活动文案

产品图＋活动文案，吸引消费者的注意力

利用富有诗意的文案，突出了产品的风格，并利用促销活动吸引消费者

144

节日＋促销文案，借助节日气氛，营造出甜蜜感

点明优惠活动

突出产品风格，点明促销活动

产品按颜色和版型进行重新排列，立马让视觉效果变得清晰明了，让消费者在第一时间找到最感兴趣的商品，这就是排版的艺术

利用文案，突出了品牌的特点

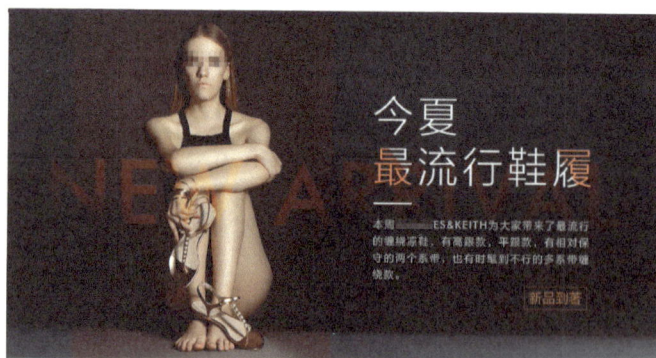

文案＋产品，突出了产品的特点

▲ 图7-12　首焦图示例

7.2.6　陈列

商品陈列指以产品为主体，运用一定的艺术方法和技巧，将产品按经营思想及要求有规律地摆设、展示，以方便顾客购买，是销售类广告的主要形式。

陈列具有展示商品、方便购买、节约空间、美化购物环境等各种重要作用，陈列的特点如图7-13所示。

下面来看几则陈列示例，如图7-14所示。

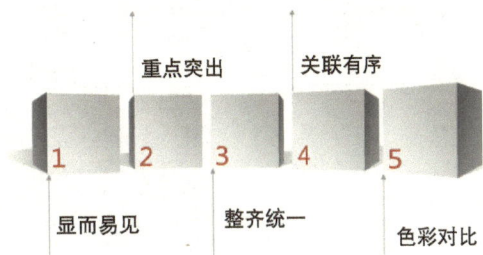

▲　图7-13　陈列的特点

普通陈列区

普通陈列区

摆放统一，
色彩不冲突

体现出了陈列之色彩
对比的特点，通过不
同颜色的冲击，突出
各产品的特点、韵味

标新立异
的陈列区

体现出了陈列之
突出重点的特
点，突出了某品
牌的移动电源

体现出了陈列之显而易见的特点，突出产品使用效果以及"加1元送福袋"的促销活动。

体现出了陈列之整齐统一的特点，用统一的色调、统一的格局烘托出红酒甘醇的特点

体现出了陈列之关联有序的特点，将可以相互搭配的产品放在一起，突出、放大各产品的特点

▲ 图7-14　陈列示例

149

7.2.7 首屏

一般电商在首页首屏上需要展现出店名或者品牌名称、最新促销活动、收藏按钮、重点产品或热门搜索词导航、店铺的品质感以及浏览的舒适度。

下面来看几则问题首屏，如图7-15所示。

首屏出现过多的色彩，且搭配不协调，格局混乱，文案没有突出化妆品特点且表达不明确

设计较为粗糙，促销文案信息重复，首屏格局凌乱，色彩搭配不协调，容易降低产品的品质感，令买家对品牌、产品失去信心

▲ 图7-15　问题首屏示例

从图7-15可以看出，首屏在视觉上不应该杂乱无章，也不能太过单调，整屏最好设定一个主色调；文案需要贴合产品特点、品牌风格，可带一点诗情画意的感觉，并将消费者带入其中的境界；促销信息不要重复，应围绕一个促销主题进行表述。

第8章

必不可少的详情页视觉文案

在电商领域，详情页是最能详细展示产品特点的地方，也是决定消费者是否产生购买欲望的地方。所以，本章将详细讲解详情页文案的类型、人性化设计以及优化方法。

学前提示

要点展示

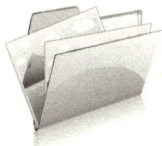

>> 详情页文案的 3 种类型
>> 详情页文案的人性化设计
>> 详情页视觉文案优化

8.1 详情页文案的 3 种类型

在电商中可以经常看到 3 种详情页文案，它们分别是以图片为中心、以物为中心、以人为中心来展现产品的卖点、基础信息的，下面具体讲解详情页文案的 3 种类型。

8.1.1 以图片为中心

一般在电商店铺中，详情页以图片为中心时，大多利用简短的文案为图片增添内容，展示产品的细节，并且以常规摆图的方式将产品详情展现在消费者眼前。下面就来看几则常规摆图式详情页图，如图 8-1 所示。

展示产品细节，按竖线排列

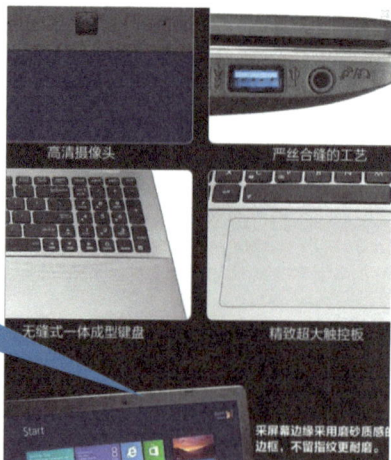

展示产品细节，按竖线排列，一行放置两个细节小图

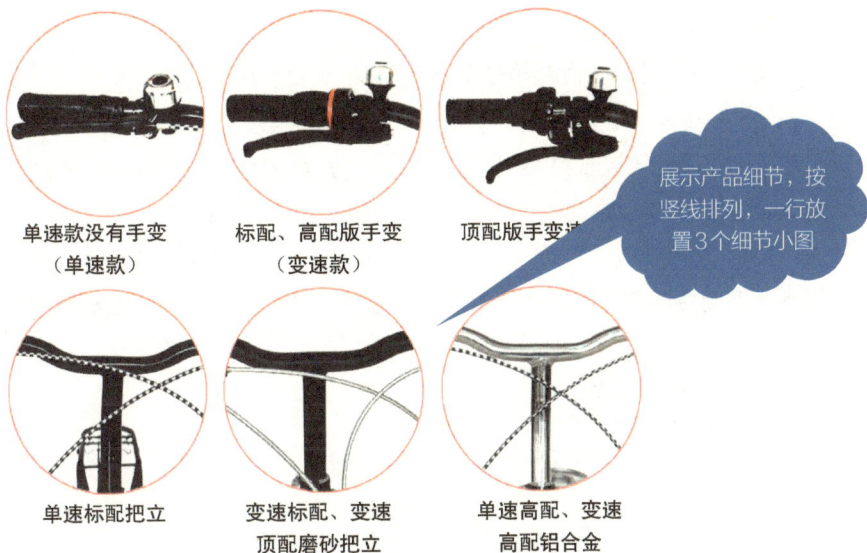

展示产品细节，按竖线排列，一行放置3个细节小图

单速款没有手变
（单速款）

标配、高配版手变
（变速款）

顶配版手变速

单速标配把立

变速标配、变速
顶配磨砂把立

单速高配、变速
高配铝合金

▲ 图8-1　常规摆图式详情页图

通过图8-1可知，详情页文案以图片为中心时，几乎都是展示产品的细节，因此情页文案需要围绕一个个小细节的图片进行叙述，一般文案需要精简、具有真实性。

8.1.2　以物为中心

一般在电商店铺中，详情页以物为中心时，大多数以产品图片为主，进行商品功能解析，从而展示出产品的性能。下面就来看一则商品功能解析详情页图，如图8-2所示。

展示产品功能，辅以少量文案标注，增加消费者对商品功能的了解

▲ 图8-2　商品功能解析详情页图

153

8.1.3　以人为中心

不管是线上还是线下，人才是最重要的，所以电商要想发展起来，就必须了解人们的心理，满足人们的需求。可是该如何做才能正确做到以人为中心，掌握人们的需求呢？其实电商企业只要把自己想象成要面对的受众，然后进行一系列的需求联想，将消费者所会想到的问题一一列举出来，再根据这些问题进行详情页文案的创作即可。

在进行文案创作之前，要选择目标消费者的类型，一般消费者分为感性消费者和理性消费者，电商企业应该就这两种消费者类型进行详情页文案、页面风格的创作，如图8-3所示。

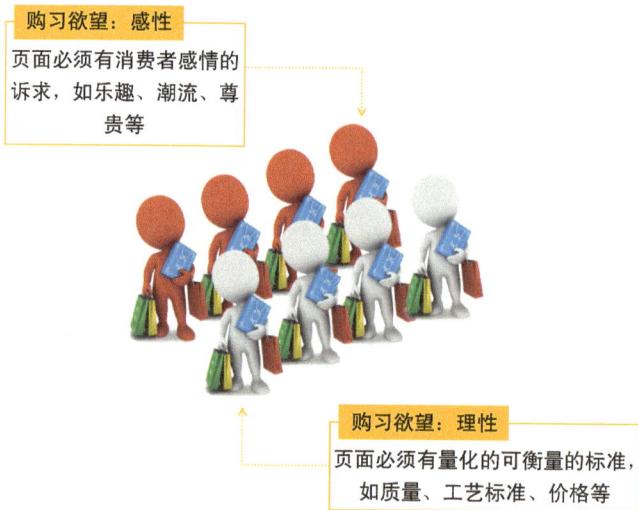

▲ 图8-3　根据消费者类型进行详情页的设计

对于电商来说，文案的创作就像一个旋涡，存在诸多问题，使电商企业在创作文案时绞尽脑汁，如图8-4所示。

▲ 图8-4　文案的创作问题漩涡

而摆脱上述旋涡的最好办法就是拥有自己的魅力属性，如图8-5所示。

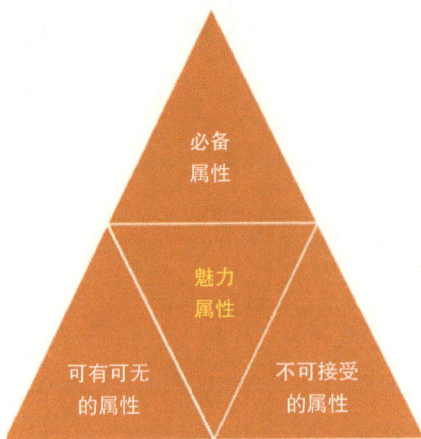

▲ 图8-5　文案的魅力属性

总之，以人为中心的核心就是注重人性化设计，不管是详情页的页面风格还是详情页文案，都要考虑到消费者的生活习惯、操作习惯，为消费者提供方便，使之既能满足消费者的功能诉求，又能满足消费者的心理需求。

💡 专家提醒

当然，人性化设计不单针对详情页，其他类型文案图也可以按照人性化原则进行创作，效果是非常不错的。

8.2　详情页文案的人性化设计

对于电商来说，"人"才是所有营销的核心关键点，详情页只有进行人性化设计，满足消费者的需求，符合消费者的视觉习惯，才能吸引消费者的注意力，进而产生销量。

8.2.1　情感营销

在情感消费时代，消费者在购买商品时，看重的已不只是商品质量好坏以及价钱的高低，还为了满足感情上的需求，寻求心理上的认同。

所以，**电商企业在制作详情页文案时，不仅要重视企业和消费者之间的买卖关系，还要考虑相互之间的情感交流，满足消费者在购物时对环境、气氛、美感、品位、舒适度的需求**，这对企业树立良好形象、实现长远销售目标是非常重要的。

下面来看一下某产品针对消费者所做的情感营销，如图8-6所示。

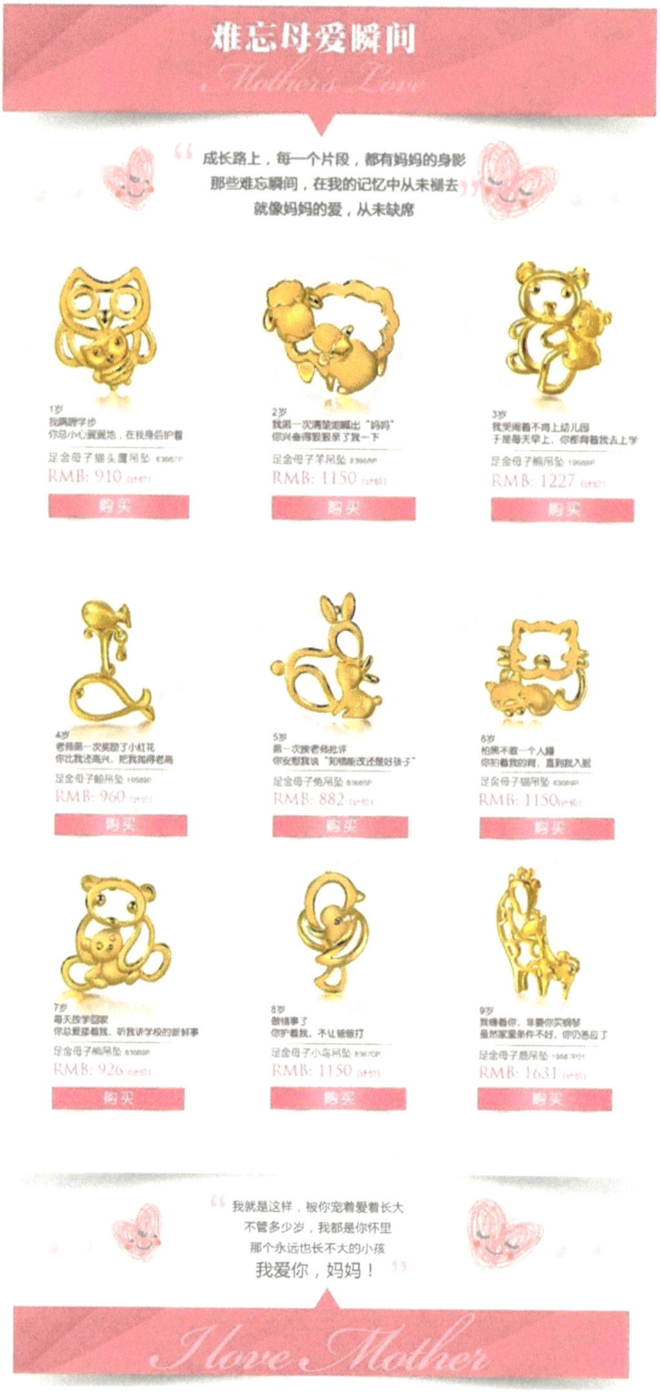

▲ 图8-6　情感营销示例

【分析】：该情感营销示例以"母爱"为主题，每个产品都配有一小段文案，这些文案记录了孩子1～9岁的经历，以及母亲的心理状态，以唤起消费者对母亲的感恩之情。整个详情页以粉色为主，突显出温馨的气氛，引导消费者回忆起母亲对自己的好，甚至会让部分消费者自动对号入座，进而产生购买欲望。

8.2.2 讲故事

对于电商来说，讲故事是一种基本的营销手段，也是较容易吸引消费者眼球的方法，因为人们对自己不知道的故事往往会产生好奇心理，并且只要故事具有知识性、趣味性、合理性，就能体现出其价值。需要注意的是，讲故事不是目的，故事背后的产品线索才是文案的关键。

通过讲一个完整的故事来带出产品，是一个循序渐进的过程，一步步带领读者进入软文的核心，为产品加重了"光环效应"，给予消费者强烈的心理暗示，从而促成销售。

无故事的文案，很难让人看明白，除非画面非常形象，不然消费者常常会不知所云，不过这也有一个好处，就是留给消费者一个想象的空间，让他们自己去想一个故事出来，但一般不建议采取这种方式来设计详情页。

下面来看一则有故事的文案示例，如图8-7所示。

梵高为何自杀

因为他是"神经病"吗?

可能是
……

但绝不是主要原因

今天我想聊聊"梵高为何自杀"这个话题
……

> 故事需要有一个吸引消费者注意力的标题

我曾经看过一本书，名为
《亲爱的提奥》Dear Theo

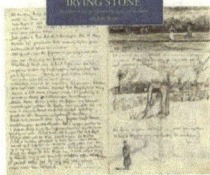

书中收录了上百封梵高与弟弟提奥
互通的信件……

这本书，使我对梵高的印象

彻底地改观!

我原本以为他只不过是个**会画画的**
"神经病"……

看完这本书、我才发现他是一个**心思缜密、思路清晰的**……

"神经病"

用一句话概括：

梵高可能是个疯子

但他绝对不是一个傻子

我们先来看看梵高在成为画家之前
是干什么的？

他是一个画商

而且是一个相当成功的画商

梵高就职于当时最NB的一家画廊: Goupil & Cie

一个做过画商的画家

至少他充分了解消费者的心理!

这其实在侧面影射该产品是从消费者心理出发的。

光一个例子就可以证明梵高在艺术品鉴赏方面的眼光有多毒……

Paul Cézanne

塞尚，他是梵高生前最欣赏，也是最看好的一个画家。

看看塞尚的画在今天的价格……

2.7亿美元

至今仍在"世界最贵绘画排行榜"中
雄踞第一

梵高弃商从艺，在我看来，不光是头脑发热
一拍大腿，就此决定献身艺术那么简单。

其实……

他在下一盘大棋!

首先，梵高凭着他明锐的洞察力和独到的
眼光，判断出一个结论……

印象派必火!

Edouard Manet

……但是相比之下，印象派在这
方面则做得更好。

他的理论依据也很简单：

现在的人越来越喜欢那些色调明
快，让人感觉舒服的作品。
莫奈在这方面就做得很成功……

然而梵高知道，自己现在再去玩印象派，已经有点晚了，最多只能变成一个画得很像的追随者……

于是，梵高"开发"出了一套**更大胆的画法**……

这其实在侧面影射该产品是大胆创新的产物

这种画法使他的作品看上去比印象派**还要明亮、鲜艳**……

除此之外，他对市场的分析也相当准确他认为在风景画领域，克劳德·莫奈的地位已经不太可能被颠覆了……

既然在风景画上将不过你，那我就主攻肖像……

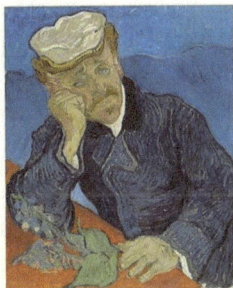

《加歇医生》梵高

另外，梵高在个人风格的树立上，也做得很到位…

在当时的青年画家中，有一个名叫乔治·修拉的"密集爱好症"患者

他的画全都是由**一个个小点**组成的

可谓**辨识度极高**！

梵高也汲取修拉的经验，研究怎样让别人一眼就能认出自己的画没过多久……

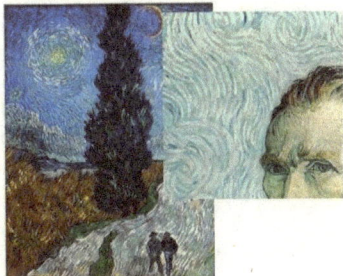

那些**线线圈圈**就诞生了

在**品牌打造**方面，梵高也想得比一般人远……

> **这其实在侧面影射该产品理念比其他产品更先进。**

他在画作上的签名之所以是**文森特**（Vincent）而不是**梵高**（Van Gogh），就是因为他觉得大多数人都不知道他名字中'gh'的发音……

由此可见，梵高早已做好了一切**爆红的准备**

而且，他并不只是守株待兔似的，傻等天上的那块比萨饼哪天能够砸到自己脸上……

在决定成为职业画家之前，他就已经做好了安排……

在决定成为职业画家之前，他就已经做好了安排……

Theo Van Gogh

他先是介绍弟弟提奥进入画商圈；

然后让提奥专攻印象派画家……

莫奈 **德加** **毕沙罗**
Monet *Degas* *Pissarro*

他们能够大红大紫，很大一部分原因是由于提奥的炒作……

如果印象派都能被大家接受那梵高成功还会远吗？

所以我一直认为，梵高的画并不是卖不动（生前产品总销量为1），只不过他一直在等待一个时机……

一个一炮而红的时机

可惜……

> **由梵高选择画印象画的经历，慢慢进入梵高自杀的主题**

梵高一直没有等到那个时机……

1890年7月29日，梵高朝自己胸口轰了一枪……（最近有个作家认为梵高是他杀，对此我保留意见）反正不管怎么样，梵高是真的死了

然而在梵高死了十年后，他的作品开始渐渐被人们所认识……

如果再撑个十年，他就真的能看到自己爆红的那一刻了！

那么，他究竟为何自杀？（如果真的是自杀的话）

一个对于自己的"商业模式"有着完美构想的奇才，为何会在快要熬出头时自杀了？

除了"神经病"外，我能想到的唯一解释就是：

穷

穷到连买张床的钱都没有……
穷到请不起模特，画来画去只能画自己

我曾经研究过梵高的经济状况……

我曾经研究过梵高的经济状况……

他的生活来源主要靠弟弟提奥的接济，提奥每个月会给梵高的账上打**200**法郎~**250**法郎的生活费……

200法郎在当时能干什么？

1法郎/天
住宿

1法郎/天
吃喝

加上购买绘画器材

怎么算也不会超过100法郎的开销啊！

那么问题就来了

梵高的钱究竟上哪了？

这个问题别说我答不上来，相信就连梵高自己也搞不清楚……

可惜，当时没有 ▇▇宝
Alipay.com

不然滑几下手指就能轻松理财了……

最近▇▇宝还搞了个新功能……

> 从侧面说明了一部分消费者为什么不用此产品，一是本身资金就不充裕；二是每天消费本就很多。

> 以梵高的支出问题作枢纽，引出某理财产品的出现，广告出现的是那么顺其自然

161

▲ 图8-7　有故事的文案示例

【分析】：通过上面的故事文案，可以看出这种营销是一个循序渐进的过程，并且产品广告要不突兀地嵌入到故事中。

（1）该示例以"梵高为何自杀"为悬念来吸引消费者，引起消费者的好奇心，全文围绕这个主题进行植入产品广告的铺垫。

（2）在该示例中，有一些加了颜色的文字，这些文字表面上是在叙述梵高的事迹，赞美梵高，实际上等消费者看完这则故事，就会发现这些字句是在赞美这款理财产品。

（3）在故事中提出了梵高可能是因为"穷""不会理财"而自杀的，然后向大家介绍产品的新功能，并且传递如果梵高在自杀前有了这款产品，则很有可能就不会自杀的信息，突显了产品的价值。

（4）在故事的最后，直接点出是做广告，用诙谐的语言和有趣的图片结尾，让读者印象深刻。

（5）这篇故事一步一步地将产品引申出来，并且极具技巧性地将故事和产品连接起来，使故事中的广告不让读者那么反感。

虽然上面的故事不太适合作为文案放在详情页，但它是一种新型的方法，比较适合虚拟产品，如软件、Wi-Fi等。对于服装、彩妆、日化用品等产品，最好是用故事来吸引消费者。

8.2.3 投射心理

在电商详情页文案创作中，可以利用投射心理方法——它在心理学上是指将自己的思想、愿望、情绪等不自觉地影射到他人身上，在店铺中运用时是指通过画面让买家想象自己化身为画中人，实现自己向往的场景。

下面来看2则投射心理文案示例，如图8-8所示。

▲ 图8-8 投射心理文案示例

❓ 专家提醒

除了前文所讲的3种详情页文案的人性化设计方法之外，还有以下两种：
- 痛点营销，**先挖掘痛点激起消费者的共鸣，再抛出产品，论证该产品能为其解决痛点，从而促使其购买。**
- 专一卖点阐述，通过专一的卖点阐述，使消费者强化记忆，加深印象，提高对卖点的认可度。

8.3 详情页视觉文案优化

详情页对于产品销售来说，是非常重要的一部分，堪称一个黄金地带，旨在将产品细节化、全面化地展示给消费者看，为消费者提供最全面的产品信息。所以产品视觉文案优化特别重要。

8.3.1 全面了解详情页

对于电商来说，只有先了解详情页里的基本内容，才能将这些内容利用起来，做出更易吸引消费者注意力的详情页视觉文案。

1. 详情页里包含的基本信息

一般来说，详情页里包含了以下5类基本信息，电商企业可以通过这5类基本信息进行视觉文案的创作。

- **商品展示类：色彩、细节、优点、卖点、包装、搭配。**
- **实力展示类：品牌、荣誉、资质、销量、生产、仓储。**
- **吸引购买类：卖点打动、情感打动、卖家评价、热销盛况。**
- **交易说明类：购买、付款、收货、验货、退换货、保修。**
- **促销说明类：热销商品、搭配商品、促销活动、优惠方式。**

2. 宝贝描述功能分解

在详情页中，宝贝描述功能越细分越好，这样容易让消费者更加了解产品，使之更加信赖产品的质量、优点。一般来说，宝贝描述功能分解为17个方面，如图8-9所示。

▲ 图8-9　内容细分模块

💡 **专家提醒**

　　虽然详情页没有限定范围，但是需要注意的是，如果不能做到很好地吸引受众，就不要盲目追求过长的宝贝描述；如果能在6屏之内完成产品信息的传达，那么短小而精悍的文案更合适；这17个模块是否要全部使用，应该取决于产品的类型和目标客户的购物心理，不要盲目地选择太多。

3. 详情页模块顺序

　　电商企业应该根据受众购物心理，确定详情页模块的顺序，抓住消费者"理性—感性—理性"的心理过程，进行详情页模块顺序的排版，一般按4个部分进行，如图8-10所示。

根据受众购物心理确定模块顺序

第一部分：图片营销性模块

第二部分：人性化营销模块

第三部分：紧迫性 优劣对比 风险承诺

第四部分：实力展示 关联销售 迷宫销售

▲ 图8-10　详情页模块顺序的排版

8.3.2 需要细节展示

在详情页中细节展示是必不可少的，并且细节需要通过产品真实地呈现出来，需要产品各个常规角度的特写，并且最大化地展示产品优势。下面就来看看某品牌产品的详情页细节展示示例，如图8-11所示。

这款产品细节展示的形式是比较新颖的

衣领上的铜质纽扣，一点锁旧的痕迹，复古味道很好。

在细节图的下方会出现一个代表整件衣服的迷你图

铜质的金属拉链和按扣，高品质做工，实用方便。

在这个迷你图上中可以看到展示的细节是整件衣服的哪一部分，便于消费者理解

裁剪线条清晰，偶尔变身爽朗气质的军旅佳人，一定要将这款大衣列入时髦实用的清单。

加入文案，用简洁的语言体现出产品的设计理念

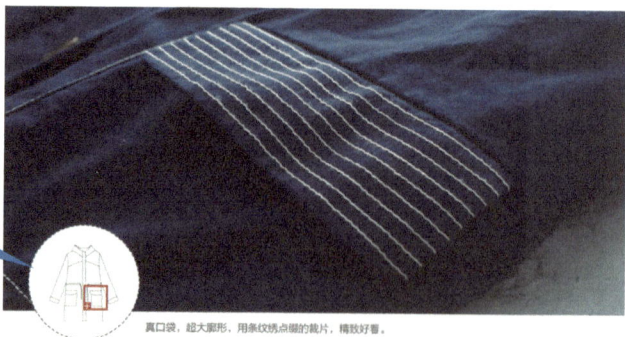

真口袋，超大腿形，用条纹绣点缀的锁片，精致好看。

通过文案+图片，既可以解释为什么要如此设计，又可以告诉消费者这样做能给他们带来什么

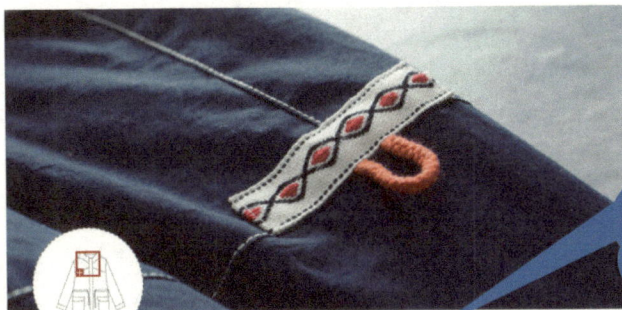

延续独立的时尚态度，袖中的徽章设计以民族织带为小创意，在无形中起到了引领潮流的先锋作用。

商品的真实呈现

袖口，撞色缝合的线条，用纽扣设计，方便手腕放量。

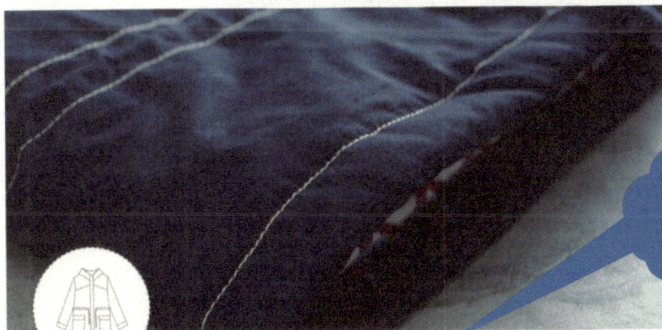

常规各角度特写

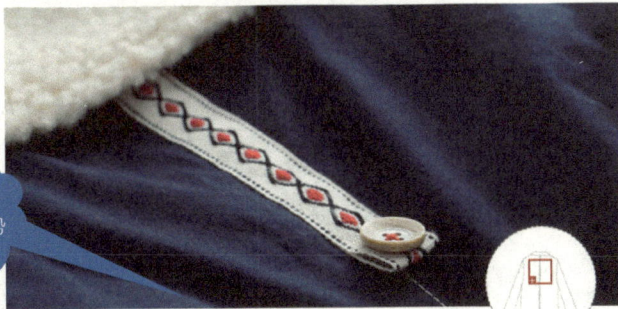

直线条的下摆，经典好看，撞色的车缝线做工更加一丝不苟。

最大化展示优势

后幅的民族织带点缀，一点混搭的味道，呼应袖章，整体够很好。

▲ 图8-11　详情页细节展示示例

通过图8-11我们可以看出，产品细节不仅仅是将产品展示给消费者看，还要利用简洁的文案告诉消费者为什么这样设计、设计的创意点、这样设计能给消费者带来什么等信息，使消费者更加深入了解产品的特点和优势，引导消费者将自己代入文案的情景中，从而进行感性消费。

8.3.3　制造紧迫感

如今的消费者有一个明显的特点——喜欢稀缺性的产品，如果电商抓住这一点，在详情页上给消费者制造紧迫感，强调产品的稀缺性，更容易促使消费者滋生购买产品的想法，从而获得销量。

那到底该怎样做才能制造出紧迫感呢？其实很简单，只需将"活动"与"促销"搭配起来用即可——利用活动抛出促销，并设定活动规则，在规则中体现出活动时间不长、需要消费者加紧购买等信息来刺激消费者，让他们产生如果这次不买就亏了的感觉。

下面就来看两则制造紧迫感的视觉文案示例，如图8-12所示。

▲ 图8-12　制造紧迫感的视觉文案示例

通过上面的示例我们可以看到，图片＋文案的视觉效果，辅以"限量""涨价"等信息刺激消费者，使他们产生紧迫感，感受到产品的稀缺性。

8.3.4 潜意识引导

在详情页里一般会存在买家评价，而电商企业常常会选取买家好评放在详情页上，这实际上就是在潜意识上引导消费者购买产品，在通常情况下，消费者在查看某样产品的详情页时，往往是带着购买的心思来翻看的，但不一定购买，因为他们要货比三家或者从详情页中寻找一定要购买此产品的理由。

而买家评价就是为消费者确立购买理由之一的重要因素，所以写得好且看上去又非常真实的买家评价，很容易强化消费者的购买欲望。

除了买家评价之外，还可以放置产品被收藏的趋势图，这种趋势图可以使消费者产生一种"是不是需要收藏它呢？"的想法，引导消费者在不确定是否购买时先收藏产品。

下面就来看几则潜意识引导示例，如图8-13所示。

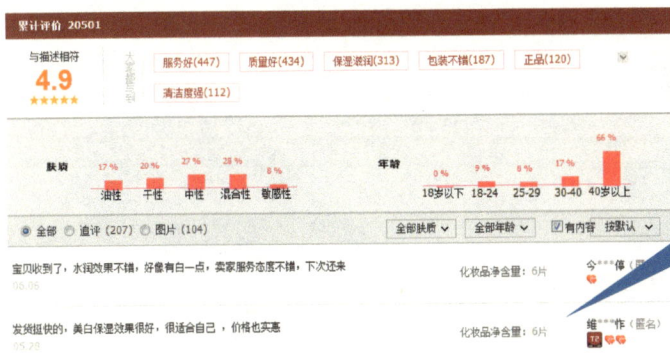

直接置入买家累计评价

加入买家真实晒单，增加买家评价的可靠性

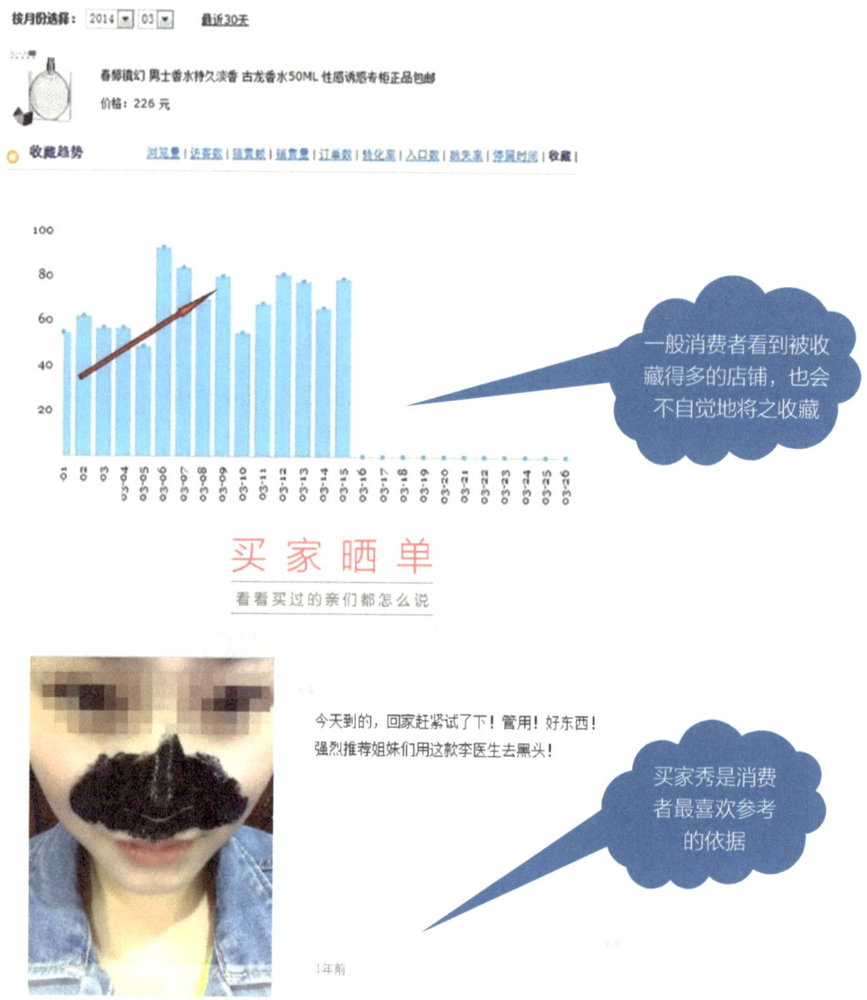

▲ 图8-13　潜意识诱引示例

💡 专家提醒

　　买家秀是指买家拍下自己使用产品的照片并将之加到评论中，这是很多消费者最喜欢参考的依据之一，因为店铺里的详情介绍、评价、模特照多少会跟实际有所差别，而买家秀就是辨别商家展示产品与实际情况差别的一大方法。

8.3.5　实力展示

　　不管是线上还是线下的企业，实力展示都是必不可少的。雄厚的实力能给消费者一种安全感、信赖感，毕竟企业实力是需要日积月累的努力才能累积起来的，一般实力雄厚的企业都会具有一定量的忠实消费者。

下面就来看几个在详情页上的实力展示视觉文案示例，如图8-14所示。

如果在线下有实体店，那么可以把实体店拍下来放到详情页上，并可以实行线上线下同服务，线上产品如有问题可以直接拿到线下商店去解决

有关机构检验质量更有保证！

放一些正规的证书可以增加消费者对产品的信赖

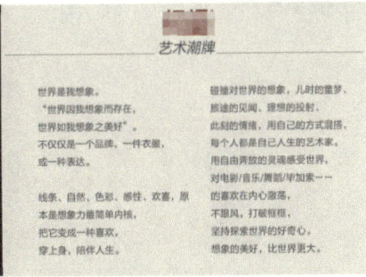

设计灵感也是一种可以展示实力的方法，因为可以从灵感中看出一个企业的创作实力

▲ 图8-14 详情页上的实力展示视觉文案示例

通过图8-14的示例我们可以看到，实体店、证书、品牌故事等都具有展示企业实力的功能。需要注意的是，证书不要放得过多，也不要放消费者看不懂的证书，消费者不会一一查看证书的内容，并且对于不是耳熟能详的证书，消费者会产生诸如"有这个证书吗？""这是做什么的？"等质疑。

总之，详情页视觉文案的优化，核心还是在于"人"——跟随"人"，想着"人"，为了"人"，吸引"人"——从消费者需求出发，以企业产品细节、实力为铺垫，制造出紧迫感，学会潜意识引导，创新性地做到图文并茂，且两者不冲突，相和谐，这样就能在一定程度上引发消费者的购买欲望，使企业获得较好的销售量。

8.3.6　注意事项

对于详情页视觉文案的优化，很容易出现以下4种问题，如图8-15所示。

电商只有规避掉这些问题，才能将详情页优化得当。除了上述4个问题，还需要规避以下几个问题。

（1）**重复**

详情图上的模特展示不要重复，否则会让消费者产生视觉疲劳，如图8-16所示。

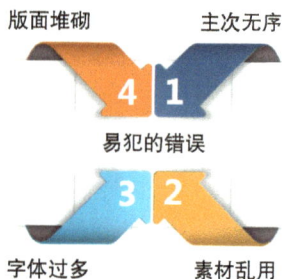

▲ 图8-15　详情页视觉文案优化易犯的错误

▲ 图8-16　重复

（2）**模特图太多**

有的商家认为只要模特图漂亮，就能吸引消费者的注意力。实则不然。在电商起步状态，这也许还有点用，可在如今这个模特图随处可见的电商时代，太多的模特图并没有特别大的作用，并且还容易拖慢网页的响应程度。下面来看一下消费者对模特图片的看法，如图8-17所示。

卖家想："模特图好看，我要多放模特图。"

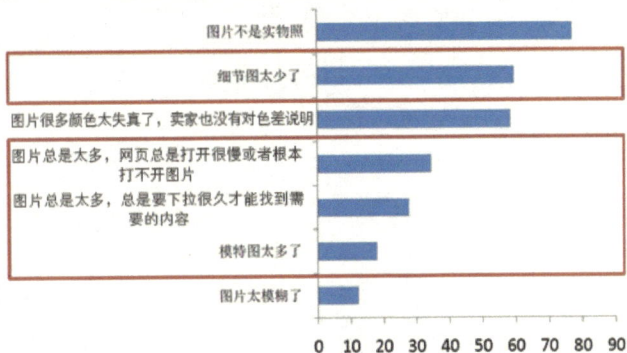

买家想："Who cares？"

▲　图8-17　数据表明模特图太多

（3）**文字太多**

很多电商企业总认为文字越多越好，试图用文字的形式诠释出产品的所有特点，然而这样做并不能吸引住消费者，如图8-18所示。

▲　图8-18　文字太多不能引起消费者的注意力

8.3.7　打PK战

在详情页上，将自己的产品与其他同类型品质不好的产品进行对比，通过文案的描述，突显出本产品的优点，即打PK战。下面来看几则PK示例，如图8-19所示。

▲　图8-19　PK示例

第9章

电商视觉营销优秀案例大放送

学前提示

在之前的章节我们学习到了很多关于电商视觉文案的知识，可是只知道理论知识是不够的，在自己实践之前，还应该多看一些优秀的电商视觉文案案例，并从中汲取精华，进行学习或设为榜样。本章将从吃、穿、住、行4种行业进行电商视觉文案案例大放送，并将详细分析案例，为大家提供学习的榜样。

要点展示

>>> 吃——食品
>>> 穿——服装
>>> 住——家纺
>>> 行——汽车

9.1 吃——食品

随着互联网的发展，各行各业陆续加入到互联网大军中，很多企业踏上了电商的道路，就连食品行业也不例外。下面就来介绍电商食品行业优秀的视觉文案，从中吸取有用的知识。

1. 主图

食品行业的主图一般都属于引人垂涎的类型，只要能引起消费者的食欲，就能产生一定的点击率，如果主图上再加上鼓舞人心的文案，如促销信息、价格等，那么绝对会引起消费者的购买欲望。下面来欣赏几则食品电商行业优秀主图视觉文案，如图9-1所示。

层叠构图
食品用层叠构图，可以让整个图片都饱满起来，使消费者看着非常有食欲

点明分量
点明分量是常用的方式，因为一般消费者都会想知道，在一定价格内产品的分量是不是划算的

活动
显示出活动主题，在图中以产品图为主，活动为辅，活动时间也需要设置清楚，不过一般建议这种活动图还是放在直通车区域比较好

卖点
食品主图可以从食品的材料着手，找到卖点，给消费者一个购买的理由

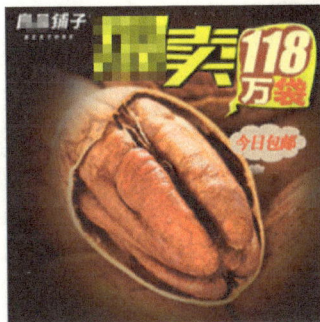

点明销量
点明销量能让消费者对产品的防御心理减弱一些，一般消费者选择产品时都有羊群效应的因素存在，如果他们看到有很多人购买这个产品，也会生起购买欲望

注重文案
这种主图是将文案变成了重点，产品图片变成了辅助点，文案中带有促销信息，并且利用幽默的语言来完成文案的撰写，只是这种方式的主图需要慎用，虽然其标新立异的形式更容易吸引消费者的眼光，可是如果文案不够吸引人，也很难让消费者产生点击的想法

▲ 图9-1　食品电商行业优秀主图视觉文案案例

【分析】：

关于食品行业的主图，必须记住一个核心思想，就是图片中的产品要引人垂涎、卖点独特，一幅图上不要有过多的促销文案。

2．直通车图

一般食品直通车图与主图的要求是差不多的，图片能引起消费者想吃的欲望就算成功，不过直通车图较侧重促销、活动等。下面来欣赏几则食品电商优秀直通车图视觉文案，如图9-2所示。

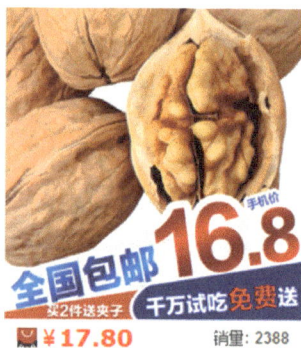

包邮与价格
包邮在电商领域是司空见惯的促销手段，深受消费者的追捧，再加上公布购买价格，可以让消费者更加了解产品信息，如果价格合适，则能引起消费者的点击兴趣

搜索页右侧
一般在搜索页右侧的直通车图比主图略长，当然也有跟主图大小差不多的，而此图剖开产品，将外焦里嫩的特点完美地展现在消费者眼前，让人垂涎欲滴，再加上合适的文案，以"纯手工"来体现出产品的品质。由此可见，剖开产品的构图形式更能详细地展现产品信息

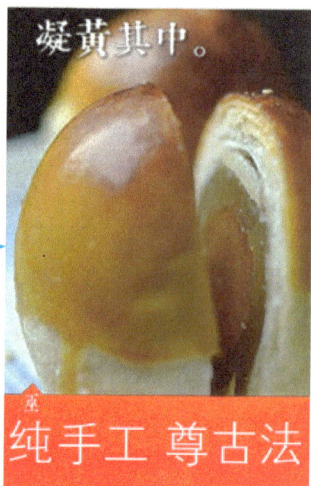

▲ 图9-2　食品电商行业优秀直通车图视觉文案案例

【分析】：

食品直通车图的构成有几种模式，如果电商没有好的想法，可以根据以下几种模式进行食品行业直通车图的制作：

- 有诱惑力的产品图＋活动文案＋活动时间＋价格；
- 有诱惑力的产品图＋促销文案＋产品分量；
- 剖开产品展示内部图＋卖点；
- 有诱惑力的产品图＋促销文案＋销量。

3．广告图

食品电商广告图很简单，就是直接以产品＋促销信息展示到消费者的面前。下面来欣赏几则食品电商行业优秀广告图视觉文案，如图9-3所示。

加入二维码
此广告图除了促销文案＋产品图，还加入了扫二维码有惊喜的设计，这能进一步引起消费者的兴趣以及参与积极性

色彩
此图的配色能让人在夏日感到一些宁静，再加上产品图与文案的完美配合，让消费者瞬间忘掉酷暑，它还以"首发""减5元"来刺激消费者的眼球，引起消费者的购买欲

制造限制
此广告图通过虚化背景来突出产品图片，将图片与文案一分为二地排列，鲜明地突出广告主题，再以"限量""送酒庄游"来刺激消费者的购买欲，催发消费者加快购买的心思

▲ 图9-3 食品电商行业优秀广告图视觉文案案例

【分析】：

食品电商行业的广告图必须要注意整个图片的色彩协调性，突出产品的美味，并且可以将促销信息和送礼品放置在一起，合理进行广告图的制作。切记，食品广告图中一定要有产品图片，不然很难引起消费者的注意，很容易被消费者忽视。

4．海报图

食品行业的海报图往往喜欢将同类型的商品整合在一起进行展现。下面来欣赏几则食品电商行业优秀海报图视觉文案，如图9-4所示。

突出重点

此图突出产品的"辣"，再加上文案 + 图片的诠释，很容易吸引住无辣不欢的消费者

使用主题

此图在文案中以"约会"为主题，配上浪漫的图片，推出产品"巧克力"，很容易将消费者带入一种由巧克力而引起甜蜜又浪漫的约会的情境

切割构图

此图以切割的方式构图，一半为产品，一半为模特诠释文案，很容易将消费者带入文案中的意境，让人在电脑面前仿佛也能闻到咖啡的味道，从而引起消费者的购买欲。

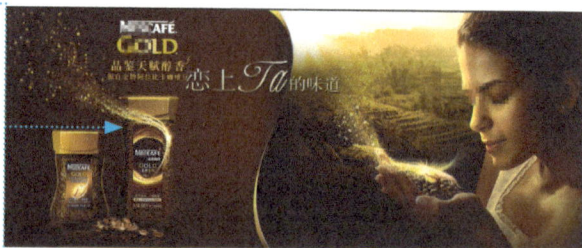

直接突出卖点：此图以左一右的形式构图，使图片界面简洁却不失有趣，产品摆放随意，带有立体感，图片上的文案直接点出产品的卖点，其卖点都是跟产品质量有关的，可以减弱消费者的防御心理

▲ 图9-4 食品电商行业优秀海报图视觉文案案例

【分析】：

关于食品，质量一直是消费者非常关注的因素，所以不管是食品海报图，还是主图，若能将质量保障的因素说出来，无疑会给消费者一种安心的感觉。一般食品海报图可以分为两种。

- 产品+卖点，只针对一个最能吸引消费者注意的卖点进行文案的撰写，并配上看上去能让消费者富有食欲的产品图片，整张海报图片的色彩应协调。
- 产品+主题，其实主题就是给文案营造出适合产品理念的场景，将产品带入场景中，既能增添视觉效果，又能引起消费者的共鸣。

5. 活动

食品电商的活动图重在突出活动主题，因此建议用最简单直接的文字将活动呈现出来。下面来欣赏几则食品电商行业优秀活动图视觉文案，如图9-5所示。

突出活动内容：此图以"啤酒节"为活动主题，重点突出了"9.9元包邮"这一活动内容。图片界面简洁，视觉效果不错，且指出了活动时间

使用热点：此图的活动口号由某热点改编而成，此外还详细介绍了活动规则及活动时间

突出活动主题：此图旨在突出活动主题"周末吃货 Party"，利用艳丽的颜色为背景，便于在众多活动中引起消费者的注意

突出活动主题：此图将活动主题放在正中间，以集中的形式构图，以突出活动主题，将活动时间和活动原因放在左上角

利用文案：此图用一句话文案来描述活动内容，以对角线的形式构图，将文案放置在左上角，将产品图片放置在右下角，界面简单清晰，在文案下面还简要介绍了活动主题及活动时间

▲ 图9-5 食品电商行业优秀活动图视觉文案案例

【分析】：

食品活动图重在突出活动主题、活动时间以及活动内容。要让消费者快速明白活动的内容，最好是突出这个活动对消费者来说有什么好处。活动图在色彩方面一定要协调，不要选择冷色调的颜色，要选择暖色调并且能让消费者感觉舒适的颜色，这样更能吸引消费者。

6．首页

食品电商行业的首页很多都千篇一律，很少像其他行业的那么花哨，其陈列的模式几乎都是普通摆放；首屏以广告图为主，极少用一句话文案的海报图。下面来欣赏几则食品电商行业优秀首页视觉文案案例，如图9-6所示。

店招与导航条：食品行业经常喜欢在店招上放置产品的推广信息，导航条上一般不会超过 12 个分类

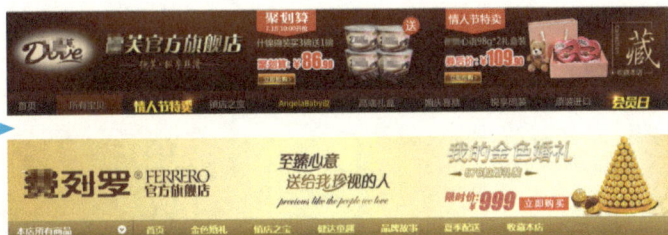

首焦：以漫画的形式将一句话文案中的"乐享"体现得淋漓尽致，其乐融融的场面容易让消费者联想到自己的家庭、爱人，引发消费者内心渴望与家人永远开心、快乐、健康地生活的情感，因而消费者也会多留意此店铺的产品

活动陈列：食品行业在首页上经常会陈列活动信息，信息上会明确活动主题、活动时间及参与活动的产品。此则文案活动的陈列以区域类型划分，将产品贴上适合人群标签，消费者往往会不自觉地对号入座，从而产生好奇心和兴趣

导航区（分类）：此分类在首页中部，以普通的样式排列，将产品类型、品牌清晰明了地展现在消费者的面前，便于消费者快速找到自己想要的产品

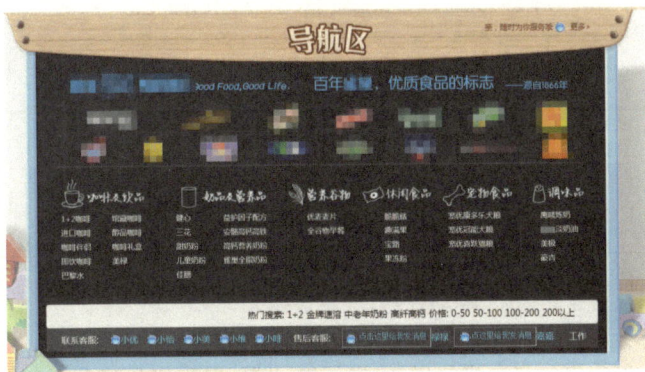

构图：此页面以S形构成一个视觉动线，使消费者跟着S形的线条来浏览首页的产品图

色彩
氛围色：蓝色；
功能色：白色；
搭配色：黄色

陈列：体现出了陈列整体统一的特点，即用统一的色调、统一的格局并且以Z字形为构图模式，将消费者的视线聚集在一处，这是最常见的构图方式

搜索条+活动+文案:
此图位于首页的最下方,其搜索条的功能为便于消费者快速搜索店铺内产品;在搜索条下加上活动图,意在提醒消费者店铺正在举办的活动,起到了再次加深消费者印象的作用;文案是用来告诉消费者企业给消费者提供的服务、产品质量

▲ 图9-6 食品电商行业优秀首页视觉文案案例

【分析】:

食品电商行业的首页可以不弄得那么花哨,但一定要层次分明,排列有序,不能没有逻辑性地随意摆放,最简单、效果也不错的一种方式就是将首页分成几个关于产品类型的小板块进行产品介绍,这样能清楚地向消费者展现出店铺内的产品信息。

7．详情页

详情页是促使消费者购买产品的重要页面,如果详情页得以有效利用,能促使消费者对产品产生难以割舍的感情,并进行购买。下面来看几则食品电商行业优秀详情页视觉文案案例,如图9-7所示。

第一屏:食品行业的详情页第一屏往往是一些广告,往下翻才能看到产品的详细内容,这是一种食品电商行业先推广其他产品再介绍主要产品的常用方法,需要注意的是,推广的产品应与主要产品的类型差不多,不然就会给消费者一种牛头不对马嘴的感觉

文案为主：食品行业的详情页里几乎很少出现模特图，并且产品的细节图也得根据产品类型进行安排，即便是展示产品细节部分，也得靠文案才能将细节表述出来，其文案字数一般不会少于10个，此图即用不少篇幅的文案介绍了消费者为什么要买此咖啡以及此咖啡的特点、优势

情感文案：这是一个将喝咖啡的过程用文字的形式诠释出来的文案，这可以提升消费者的购买欲望

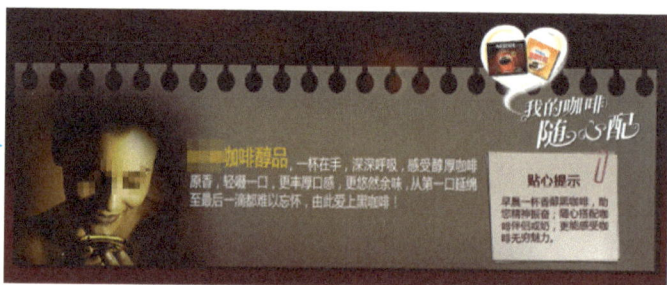

咖啡的用处：有时候企业介绍产品如何好吃，图片拍得很诱人并没，效果却一般，因为对于消费者来说，只有食品进口中才能确认它是否美味，所以与其说该产品的好处，还不如说该产品除了平常的吃法，还有其他哪些美味吃法，给消费者一个像此图一样的创意食谱，定能吸引到喜欢自己动手的消费者

系列推荐——关联销售：一般来说，在详情页里做推荐是不合理的，可是对于食品行业来说，只要推荐产品与详情页产品类型相符，并有一些联系，这一方法就可用，但若随意安插推荐图，则会显得太突兀，也会显得详情页内容粗糙、无可读性，甚至拉低消费者对企业、品牌、产品的期望值。此图以发散式构图，从中间的一杯泡好的咖啡向外发散出不同的产品，形成关联销售

以图为中心：对于食品电商行业来说，详情页以图片为中心的情况比较多，此图以图片的形式形象地将冲调咖啡的方法清晰明了地展现出来，让消费者进一步了解咖啡，并且体现出了该店铺的贴心程度，给消费者留下了一个好的印象

系列推荐——关联销售：用文案突出产品的优点，容易引起消费者想立马尝鲜的冲动

187

以人性化为中心：此详情图以"专家话题"作为引导，从人性化的角度将"饮咖啡"用文案展现出来，使消费者在了解产品的同时，还能增长一些知识。并且它将文案与花卉、咖啡、甜品搭配起来，给人一种生活很惬意的感觉，引起消费者心中向往宁静、舒适生活的想法，从而刺激消费者的购买欲望

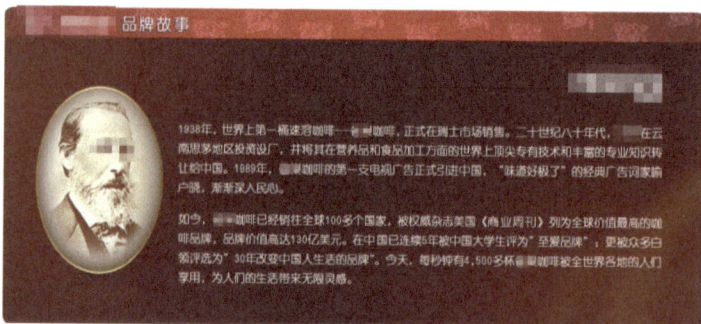

实力展示：以品牌故事展示出企业实力，这无疑是在利用潜意识引导消费者提高对品牌的信任度

潜意识诱导：买家评价是利用潜意识引导消费者购买产品的好帮手。

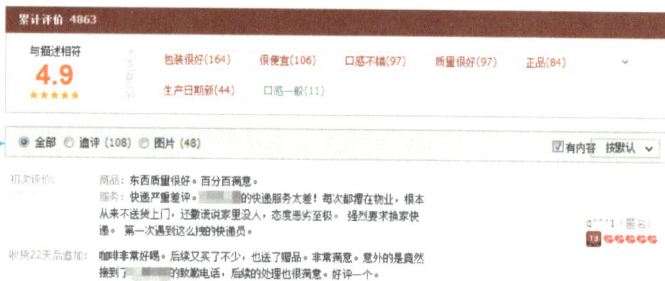

▲ 图9-7 食品电商行业优秀详情页视觉文案案例

【分析】：

食品电商行业的详情页并不全是以图片为主的，也可以将图片和较多的文案相结合，突出产品对消费者的用处，告诉消费者怎样才好吃、怎样更享受，并且进行关联销售，这样可以增加消费者的点击量和产品销量。

9.2 穿——服装

在电商领域，服装行业是非常火爆的，所以也很容易出现比较好的电商视觉文案，下面就来介绍服装电商的视觉文案。

1. 活动

对于消费者来说，可选择的同类产品多了，他们就会开始从产品的创新、促销手段、活动内容等方面进行层层挑选，选择一个看上去舒适、符合自己心理的产品。

一般服装行业的活动视觉文案必须具备活动主题、活动时间、活动要求，如图9-8所示。

活动主题：可以放置品牌、促销信息、活动标题

活动时间：放置活动开始与结束的具体时间，最好将开始和结束的时间写清楚，包括年、月、日、时、分、秒

活动要求：用最简洁的语言表述清楚活动规则、活动注意事项

▲ 图9-8 活动视觉文案

【分析】：

服装行业活动图的要求其实跟食品行业活动图的大同小异，只要记住：用简洁的话语描述关于活动的所有重要内容，不出现图片排版空洞的情况，不出现色彩冲突现象，做到这些，就能制作出优秀的活动视觉文案了。

2. 广告图

广告图一般是体现促销信息的图，广告图的风格很重要，这是决定消费者能否被广告图吸引的重要因素。并且一般广告图需要注意构图方式、是否突出促销主题、是否具有一个独特的风格等问题。下面来欣赏几则优秀的广告视觉文案，如图9-9所示。

广告主题：用显眼的位置、字体、颜色突出广告主题

整体风格：整张图由文案+模特+背景色构成，营造出了一种田园风格，让消费者从视觉上感受到春天的气息。

添加细节：添加标签，突显了促销力度

构图方式：图片和文案两分的构图突出了拼接T恤舒适、透气等特点

▲ 图9-9　广告视觉文案

【分析】：

服装广告视觉文案应该将促销文案放在最醒目的位置，字号稍微大一些。当广告图中有产品图片时，应该以产品图文字为主，文案字号要比产品图的小一点。在广告图上还可以加一些突出产品特点的元素，比如服装的细节、服装的材质等，增加消费者快速了解产品的机会。

3. 首页

首页在电商中能树立品牌形象，分流引导消费者关注产品信息，是营销的好帮手，所以首页的设计尤为重要。只有将首页的各模块视觉文案做到位，才能做出口口相传的优秀视觉营销文案。下面来欣赏几则优秀的首页示例，如图9-10所示。

首屏：首屏一般是进入消费者眼中的第一屏，这里利用了轮播的形式放置首屏，用绿色＋模特＋文案为消费者营造出了绿色健康的氛围；文案用拟人手法，加强了阳光、活泼的氛围，并且突出了服装材质舒服、透气的特点

一句话文案：用"坐下来，吃个饭"给消费者营造出心安、宁静的氛围，可以增加消费者对产品的信任度，并且增加了消费者对每周二新产品的期待程度

店招与导航条：导航栏目以产品类别分类，很容易让消费者找到自己想要的产品，并且店招不单一，设计、排版很合理，符合店铺整体的田园风格

分类：简单的分类，字体为绿色，呼应了首页的整体色调

产品分类：以图片＋文字的形式做分类，能让消费者更容易了解分类信息，并且增强了视觉效果

陈列：这属于普通陈列，简单明了地展示在消费者眼前，并且以产品类型来划分陈列格局，产品图简洁大方地展示出了产品的特点，促销文案则能促使消费者产生购买兴趣

甜美分类：利用粉色、冰激凌等素材，将分类做成富有活力、甜美、可爱的样子，很容易吸引到有着童话梦的消费者

图片分类：整个分类图片色调相似，在中间加入视频，增加了客观性

主题陈列：以Party为主题，时尚为理念，以对角线的形式排版，突出各产品的特点

个性分类：以模特具有个性的pose，配上具有标志性的分类文案，可以让消费者有眼前一亮的感觉，并且色彩的搭配让人有股舒适的感觉

细节陈列：以某类产品的某一特性进行文案的撰写，展示出此类产品的特点，吸引消费者的眼球

▲ 图9-10　首页视觉文案

　　首页的首屏是由店招、导航条、首焦（广告图、海报）组成的，这3个组成部分一定要在色彩、风格上达成一致，不能反差太大，那样会显得很突兀，且会模糊品牌定位，破坏视觉效果的呈现。下面来看几则首焦常见的风格，如图9-11所示。

英伦风：利用模特＋文案＋背景颜色体现出了随性英伦风

名媛风：利用图片和文案烘托出的气氛，将消费者引入文案的意境中，引导消费者幻想自己穿上裙子能变得自信，提升气质的情景

宁静风：整张图以模特修身养性的画面为主，文案简短又精辟，将消费者带入一个远离夏至、宁静安逸的意境

有深度：整张图的核心是服装的材质"棉"，突出使用的棉货真价实的特点，让消费者产生如果穿着此产品就能每天闻到春泥的气息的幻想

清新风：利用带有"栀子花"的文案，将消费者带入小清新的氛围中

复古风：此图将消费者带入复古情境，让她们将自己想象成一个笑靥如花的书香门第的女子

漫画风：此图以漫画形式呈现，让消费者产生到不一样的感觉，并以"做自己"为口号，引起消费者释放自我这类念头

闺蜜风：此图利用闺蜜为引子——闺蜜之间总是想分享好的东西，却又不想陷入雷同的困扰，而此视觉文案正好能解决此问题，因此容易引起消费者的注意

清爽风：利用图片烘托出清爽的氛围，并抓住"暑假"这个热点进行文案的撰写，突出产品的风格

牛仔风：利用蓝色为主色调，模特+文案体现出了牛仔酷帅、活泼的特点

耐人寻味风：这种首焦图没有使用过多的文案来解释图片，仅靠几个文字来引导消费者意会产品理念，即以"红彤彤的果子"为雏形，然后才演变出产品如今的色彩，突显产品令人更添精气神的特点

▲ 图9-11　首焦常见的风格

【分析】：

　　服装电商行业的首页应将色彩搭配成最能让消费者感到舒适的效果；整体页面应具有逻辑性，在首焦上多使用一句话文案，将消费者带入到文案的情境中，引起消费者的共鸣；模特图片要美观，活动图不要放置过多的文案。

4．详情页

　　详情页是展示产品特点的重要位置，可放置产品细节、产品设计理念等信息。电商企业如果能很好地把握住详情页的设计，就离高销量不远了。下面来欣赏几则优秀详情页视觉文案，如图9-12所示。

第一屏：第一屏介绍设计理念往往是不错的选择，此图利用文案烘托出浪漫、高雅的氛围，通过模特图＋文案的解说，将消费者引入一个可以随性又能优雅的遐想空间。

PK图：利用PK图展现产品的特点，通过对比，能让消费者清晰明了地了解材料，并提升消费者的信任程度。此PK图没有直接说出谁好谁坏，只点出它们之间的区别及其所用材料的应用范围

检验报告图：不管在什么行业，检验报告都是重要的文件，它是消费者的"定心丸"，能让消费者对产品的质量更有信心，也是企业实力展示的一部分

模特展示：模特会从不同的角度进行产品的展示，一般服装行业都会对模特进行多角度的拍照，将产品的每个"面"都展示出来，且模特背景图的色调需要一致，可以不添加文案，只专注于视觉的呈现

专家优势：由于服装电商行业竞争比较激烈，如果在详情页放置"专家优势"的视觉文案，可以提升消费者的信任度

▲ 图9-12　优秀详情页视觉文案示例

在详情页里还有一个重要的要素就是细节呈现，一般电商企业都会辅以简短的文案对细节图进行详细诠释。下面来欣赏几种细节呈现的方式，如图9-13所示。

1 领口细节
圆领设计简洁大方，非常百搭

单独展示细节：这是一种直接截取细节部分的图片进行展示的方法，并在每个细节上加入一句简短的文案来突显细节的特点、风格、理念等

2 车缝线细节
整齐的锁边车工线，彰显优越品质。

单独展示细节：这种方式的细节展示并不会太过全面，只会就一些消费者通常会注意的地方进行展示说明，一般都是介绍领口、缝线、袖口、拉链、面料等

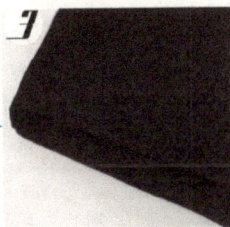

3 袖口细节
袖口采用包边设计，能更好地防止毛边脱线。

4 金属拉链
金属拉链顺滑耐磨，做工非常精细

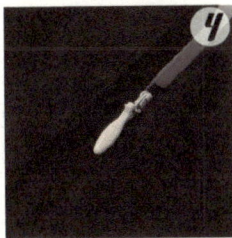

单独展示细节：这种细节展示方法的缺点是不能让消费者更加清晰明了地了解细节在整个产品中的位置

5 面料细节
舒适的面料，手感柔和细腻，做工精良。

这种方式往往在截取小细节的图下面还会有一个产品整体Q版小图，清晰地告诉消费者细节在整体产品中的位置

这种细节展示方式会比较全面地介绍细节部分，再加上文案的辅助，很容易引起消费者的购买欲望

▲ 图9-13 详情页细节呈现视觉文案示例

【分析】：

服装详情页图一定不要放过多的模特图片，否则不但会影响页面打开的速度，还会使消费者产生不耐烦的心理，所以详情页一定要放置消费者最想了解的产品信息。

5. 主图

主图是产品的脸面，消费者对主图的第一印象直接决定着其对产品的印象，所以主图的呈现方式很重要。下面来欣赏几则优秀的主图视觉文案，如图9-14所示。

一般服装行业的主图很少出现标新立异的形成，几乎都是由一个模特、一幅背景，或者再加一些促销标签组成的

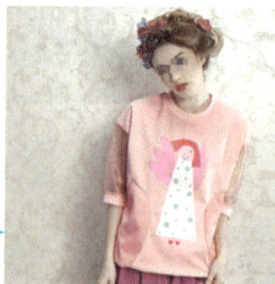

¥79.00　　185人付款

孔雀心 欧美圆领套头七分袖晴天娃娃甜美显瘦连衣裙

旗舰店　江苏 南京

¥99.00　　488人付款

【ELF SACK】耳垂上恋爱半透感波普印花雪纺衫

旗舰店　江苏 南京

差异化：利用模特的不同展示状态来区分同类型的产品

差异化：同类产品展示的不同背景可以突显出各产品的不同特点，并且背景色不会跟产品颜色太融合，而合适的背景能彰显产品独特的风格与韵味

促销：一般服装行业带有促销的主图不会放置过多的促销标签，只要突出重点标签即可

细节化：在主图中展示小细节也是很适合服装行业的，需要注意的是，展示出的细节不能盖过产品图的风头，应让消费者先注意产品再注意细节图

▲ 图9-14　优秀的主图视觉文案

【分析】：

服装主图最好是突出服装的特点，可以就促销活动、细节、材质、质量等方面进行主图的构图。需要注意的是，主图要做得精美，千万不要堆积信息，要在主图上放置产品的核心卖点。

6．直通车图

在服装行业，直通车图上一般会放置一些促销活动，或者只有一个好看的产品图片而没有文案。下面来欣赏服装行业的一些直通车图，如图9-15所示。

搜索页右侧：一般在搜索页右侧的直通车图会比主图长一些，服装行业经常将活动信息放置在这上面，并会用简短的文案明确地表述活动时间及活动主题

搜索页右侧：在直通车图上，服装行业通常会利用点明价格的方式来吸引消费者的注意力

▲ 图9-15　优秀的直通车图视觉文案

【分析】：

服装行业的直通车图是由产品＋模特＋促销信息组成的，不过对于有一定知名度的品牌来说，不一定要放置促销信息，在制作直通车图时，可以跟平常的主图一样，放置精美的模特图即可。

9.3　住——家纺

　　随着互联网的发展，为了满足消费者的生活需要，家纺行业也慢慢地进军电商，如今已在电商领域站稳了脚跟。消费者也开始热衷于在网络上购买质量与实体店并无区别，但价格比实体店便宜的家纺产品。下面就来介绍家纺行业在电商中的优秀视觉营销文案。

1. 主图

　　家纺行业的主图非常简洁，一般不会出现"牛皮癣"的情况。下面来欣赏几则家纺电商行业优秀的主图视觉文案，如图9-16所示。

产品+品牌Logo：这是家纺行业常用的主图展示方式，这种方式主要是让消费者自己挑四件套的款式和品牌，效果还是不错的

给安全感："给安全感"不管在哪个行业都是推广产品的惯用手法。所谓的"给安全感"就是用文案来给消费者做保证，使消费者消除防备心理，进而购买产品

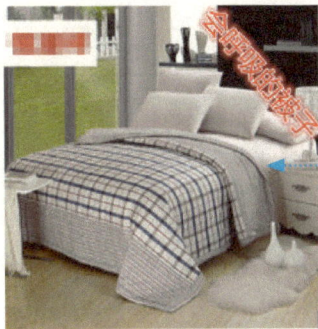

加入文案：加入一句话文案，可以增加消费者对产品的了解，不过文案字数不要太多，一句话即可，文案最好能突出产品卖点

角落放促销标签：为了不破坏家纺产品所展现的美感，很多家纺企业经常将促销信息放到主图的右上角

▲ 图9-16　家纺电商行业优秀主图视觉文案案例

【分析】：

家纺行业的主图是属于简洁型的，常用模式是"品牌logo+产品"，简洁大方地将产品展示给消费者，便于消费者挑选，而那种加入文案的主图一般很少出现。

当然，家纺行业的主图加入促销标签，如包邮、全场5折、特价促销等，放在主图上作为一大卖点。需要注意的是，促销标签不要放置得太多，通常1个即可，并且最好是把促销标签放在图片的角落上，以免影响产品图片的展示。

2. 直通车图

家纺行业的直通车图跟主图一样，走的都是简洁风，不会出现太多的促销信息。下面来欣赏几则家纺电商行业优秀直通车图视觉文案，如图9-17所示。

标明价格：将原价与现价都标出来，让消费者自己来判断是否实惠，并规定时间期限，给消费者制造紧迫感

专辑：这种类型的直通车图在家纺行业中是常见的形式，其模式是品牌＋产品图片＋"专辑"＋"清仓，"一般都是以"清仓"的名义做促销活动，来吸引消费者的注意力，并且不是一种产品，而是多种产品同时进行推广

卖点：此图的卖点是由产品质量＋折扣＋包邮＋图片组成的，整个界面构图非常清晰，不凌乱，并且还加上了产品的风格，可以增加消费者对产品的了解

背景：一般家纺行业的直通车图都用房间为背景，体现出四件套在房间里的展示状况，可以称之为带入情景图

明星：一般家纺行业很少用模特图，基本上是直接用产品图，直观地将产品展现给消费者。而此图利用明星效应及品牌知名度进行推广，并加上价格，给消费者多重视觉上的冲击

家纺旗舰店
低至19元

▲ 图9-17 家纺电商行业优秀直通车图视觉文案案例

【分析】：

家纺行业跟服装行业不同，一般很少出现模特图，而以产品图居多，并且直通车图上的促销标签几乎都在整张图的边角处，不会盖过产品图的风头。

3．首页

家纺行业首页跟食品行业的首页大同小异，下面来欣赏几则家纺电商行业优秀首页视觉文案案例，如图9-18所示。

虚化背景：将背景虚化，能让消费者将注意力集中在产品上

畅享丝滑·极致体验
ENJOY THE SILK SLIP
点击了解

柔软·优质·安心
SOFT ASSURED
点击了解

一句话文案：这张首焦图用简单的6个字就将产品卖点淋漓尽致地展现出来

首屏：店招和导航条虽然精简却不失可读性。搭配文案和产品图片，可以烘托整个店铺优雅、简约、美式生活的氛围

传授概念：这是一种独特的方法，即在首页上并不直接介绍产品，而是向消费者传授美式风格的概念，在向消费者传授知识的同时，也从潜意识上告诉消费者该产品就能带给他们一种美式的生活

表明实力：这是在告诉消费者美式床品已经进入了千千万万个家庭，全球都有人在用此类床品，引起消费者的好奇心和购买欲望

分类：将产品按风格进行分类，省去了很多的小类别，而是简约的文案＋图片让消费者自己考虑这是否是自己想要的家纺产品

解释分类：有时候分类太简短了，消费者可能不太明白，这时用文案＋产品图片来解释分类和产品的风格即可

接陈列：在解释完分类的意思之后，立马陈列产品，正好加深消费者对产品的印象

陈列：这是 Z 字形的陈列方式，使消费者形成一个 Z 字形视角，便于消费者快速浏览文案及产品图片

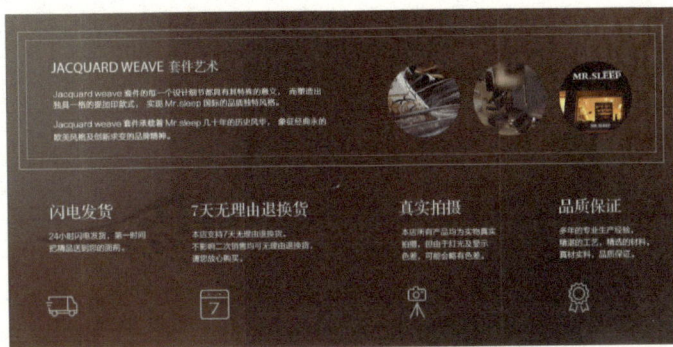

▲ 图9-18　家纺电商行业优秀首页视觉文案案例

【分析】：

　　家纺行业的首页没有那么花哨，文案＋产品图片的形式用得比较多，且多以产品风格来分类。总之，家纺电商行业的首页需要辅以文案对产品进行描述，以及对风格进行展示。

4．详情页

　　家纺电商行业的详情页模特图比较少，且多以关联销售开头。下面来欣赏几则家纺电商行业优秀详情页视觉文案案例，如图9-19所示。

关联销售：将与本产品相关联的其他产品放在详情页，可以提高关联产品的点击率

文案：这种方式看上去虽然粗糙，可是只要内容合理、吸引人，那么稍微用那么一次也是无妨的，只是不要滥用即可

道歉信

对于11月11号之前购买本款的亲
我们深表歉意!

还有一次，限量限时，以后不会再有。
活动过后，本款宝贝将恢复原价出售。

逆向思维文案：以逆向思维的形式告诉消费者活动仅此一次，错过了就会恢复原价，这也是制造紧迫感的一种形式

还不赶紧下手?

特级贡缎提花四件套价格走向表

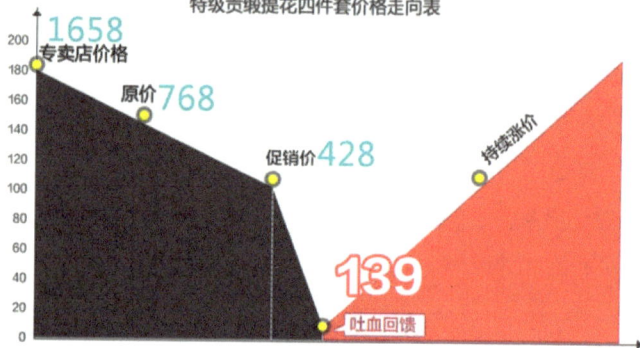

数据图：利用数据图，将价格的变化走势清晰明了地告诉消费者，给消费者一种如果错过这次机会，那么以后再也不会有如此低的价格，这是敦促消费者购买产品的一种方式

1658 专卖店价格
原价768
促销价428
持续涨价
139 吐血回馈

8 luxury
HOURS EVERYDAY
惊艳 20,000用户的共同选择
每天8小时的守护

一句话文案：体现了此产品的火爆程度

French luxury
Romantic French palace hometextil
Interpretation of French classic
演绎欧式经典

提示：在详情页需要将产品容易被消费者混淆的地方用文案的形式说明白，避免双方产生分歧

温馨提示 亲在购买套件及被芯时，请核对一下尺寸哦!
例：四件套显示1.5米床或1.8米床相匹配的被芯尺寸是200x230cm
四件套显示2.0米床相匹配的被芯尺寸是220x240cm

文案：说出降价的原因，并且提出产品的卖点

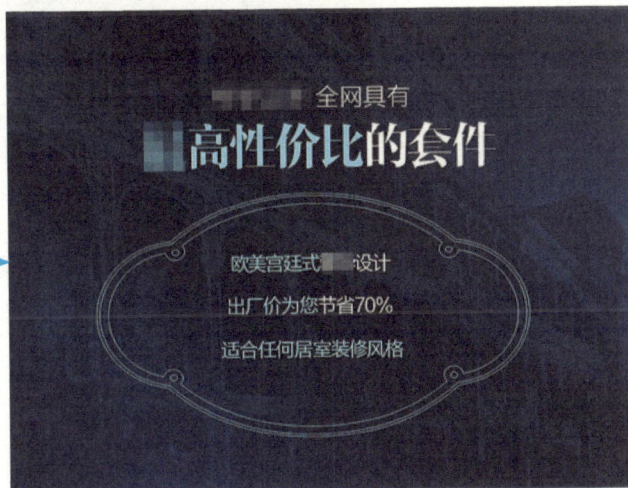

展示模特图+性价比：在图下方配上文案，突出这次优惠活动性价比高，产品适用于各种居室装修的风格，可以引起消费者的购买欲望

树立品牌：将品牌的优势、特点等用文案+图片的形式表现出来，不会显得古板，并且还具有可读性，这样可以使消费者产生一种信赖心理

"恐吓"图：利用睡眠并不好对身体产生的坏处来制作文案，配上符合文案的图片，生动形象地将睡眠质量差所导致的影响体现出来，利用"恐吓"的方式，给消费者敲响注意健康的警钟，从而引起消费者想要继续浏览的想法

述说品牌特点：条理清晰地将品牌特点一一说出来，首先从人性化的角度出发

述说品牌特点：对于消费者来说，家纺的工艺、材质是他们最看重的，所以将产品工艺特点讲出来，也可以提升产品在消费者心中的印象

述说品牌特点：家纺类产品的材质能让消费者用得舒服才是硬道理，而一般消费者想要家纺产品具有透气、亲肤、温和、柔软、舒服等特点，只要家纺商家抓住这几点进行产品展示，定能吸引关注这些特点的消费者

述说品牌特点：性价比的高低是如今消费者选择产品时考虑的一个重要方面，所谓高性价比的产品，就是价格相对优惠，产品质量不错，样子美观度不差，实用性较强的产品，是消费者选择产品的理想状态，此图还利用了货比三家的形式，直截了当地拿出案例告诉消费者自己的产品拥有高性价比

打"强心针"：在介绍完品牌特点之后，也许还有消费者会不完全放心，所以可以在后面放置一些对消费者有益的设计，如"无理由可退""零风险""7天无理由退货"等，这样消费者的防备心理会很容易被消除的

买家秀：买家秀对于家纺行业来说是非常重要的一个环节，在详情页有了这一环，更能引起消费者的注意，会让消费者感受到产品的真实、可靠。值得注意的是，买家秀一定要是真实存在的，绝不能做虚假宣传，否则企业的品牌和声誉会受到严重的损害

产品细节描述：介绍完品牌之后，就开始主打产品的展现和产品细节的描述，先用产品细节图将产品展现出来，然后通过文案的描述，将产品面料的舒适感、亲肤感体现出来

不放过小细节：一个小细节都不要放过，只要是产品材质、功能和消费者在意的方面都得作为细节部分进行展示，让消费者更加深刻地了解产品的特点

PK 图：PK 图不管在哪个行业都很实用，它可以使消费者直观地感受到产品的质量、特点，甚至是功能，在图下加入简短的文案，能让消费者加深对产品的印象

总结特点：在介绍细节后，再总结一下产品的特点，一是可加深消费者对产品的印象，二是可以使消费者进一步了解产品

实力展示：实力展示可以增强消费者对产品的信赖程度，也可以展示企业的实力，提升企业的声誉及品牌影响力，展示的内容可以是线上线下的售后服务

▲ 图9-19　家纺电商行业优秀详情页视觉文案案例

【分析】：

家纺行业的详情页的展现方法肯定不止上面所说的几种方式，这需要电商企业自己去挖掘，需要注意的是，在家纺行业中的详情页上一定要实事求是地进行宣传，并且要抓住品牌的感染力、产品特点，从人性化的角度进行详情页的制作。

5. 广告图

家纺行业的广告图非常简单，就是重点放置促销信息。下面来欣赏几则家纺电商行业优秀广告图视觉文案案例，如图9-20所示。

抓住自营：在电商行业中有很多店铺都是加盟、代购形式的，不一定是真货，所以"自营店"是最有保障的，抓住这一点进行促销宣传是最有效果的

直观促销＋文案：此图用粗糙的手法将促销信息展现出来，并且将简约的产品图片和诠释产品特点的文案相结合，掩盖住了促销信息的粗糙感，反而给消费者一种不做作、接地气的感觉

加入按钮：用一句话文案来突显产品贴身、不易滋生细菌的特点，加入价格和"购买"按钮，这是从潜意识上吸引消费者点击购买的一种设计

▲ 图9-20　家纺电商行业优秀广告图视觉文案案例

【分析】：

家纺行业的广告图无非就是加入促销信息，其中有一种广告图模式是用得极为广泛的，即"一句话文案＋促销信息"，而一般文案都以产品的卖点为主，这样才能用直接的促销信息吸引消费者的注意力。

6. 活动

家纺行业的活动图的要求跟其他行业的活动图的是差不多的。下面来欣赏几则家纺电商行业优秀活动图视觉文案案例，如图9-21所示。

突出主题：在家纺行业的活动图上，将产品的品牌放置在上面，然后将活动时间、主题说清楚，将活动产品表述出来即可

▲ 图9-21 家纺电商行业优秀活动图视觉文案案例

【分析】：

关于家纺行业的活动图，需要注意的是，将品牌或店铺名称表述出来，避免消费者因忽视而不去点击浏览。

9.4 行——汽车

随着电商的火爆，各行各业都开始投身于电商，想方设法地要在电商领域开拓出一片新天地，而汽车行业也不例外，下面就来介绍汽车电商行业的优秀视觉文案。

1. 海报图

汽车行业的海报图一般都是"一句话文案"，下面来欣赏几则汽车电商行业海报图视觉文案案例，如图9-22所示。

带入情境：将汽车放在一个山坡上，然后配上文案，给人一种崇尚自由的感觉，容易将消费者引入一个只为快乐、开车狂奔的意境中。

创意文案：这是抓住人们喜欢拍照的心理写作的一个创意文案，意在告诉消费者此款汽车行驶平稳，不会出现因为汽车的抖动而导致拍照模糊的情况

以人为中心：用一个充满幸福感的句子来告诉消费者可以开着此汽车，带着自己珍爱的伴侣，一起度过余生

一句话：用一句沁人心脾的话来概括汽车寿命的长久性

一句话+场景：此图采用"一句话文案"+"场景"的模式，让消费者仿佛真的看到这部汽车在追着自由，一路奔驰

▲ 图9-22　汽车电商行业优秀海报图视觉文案案例

【分析】：

汽车行业的海报图，其实就是利用"一句话文案"来刺激消费者，用"文案+图片场景"的形式引起他们内心的渴望，从而使得他们对汽车产生兴趣。

2．广告图

汽车行业的广告图与其他行业的不一样，它是一种直接体现价钱的广告图。下面来欣赏几则汽车电商行业优秀广告图视觉文案案例，如图9-23所示。

一句话促销文案：利用一句话文案，让消费者产生一股亲切感，同时将促销信息放置在中间，文案字体颜色与整个页面的颜色相符，给人一种汽车能在陡峭的山坡上自由奔驰的感觉

虚化场景：汽车广告图的背景虚化过后，会显得汽车像在动一样，同时在广告图上以"分期购车"和车身空间大、气势足来引起消费者的购买欲望

构图：将图片一分为二，展示出不同的促销活动，供消费者自行选择

集中构图：此构图将消费者的视线都集中在中心点，更容易使消费者注意到产品，同时配上文案，显示出产品的奢华之感，并且用与产品颜色相同的色彩来突出促销信息

直接点出价格：直接点出价格，可以让消费者心里有个底，看自己能不能接受这样的价格

创意构图：以"快乐"为主题，利用文案将促销信息表达出来，整张图片富有创意，趣味性十足，很容易吸引消费者的目光

▲ 图9-23　汽车电商行业优秀广告图视觉文案案例

【分析】：

汽车行业的广告图文案基本上是由"一句话促销信息＋场景"组成的，并且促销信息很全面，让消费者可以一目了然地了解促销信息。

3. 活动图

汽车电商行业的活动图有一个特点就是整张图喜欢铺满汽车，这样可以突显出汽车的气势。下面来欣赏几则汽车电商行业优秀活动图视觉文案案例，如图9-24所示。

秀阵势：在活动图上放置不少于3部汽车，可以烘托出活动主题及气氛，然后再用显眼的文字颜色突出活动时间与主题

创意文案：直接突出参加活动消费者会得到的好处，加入的文案则进一步表达了参与活动的好处

简单活动图：利用引人注意的文案，突出"优惠"并告知活动时间

▲ 图9-24　汽车电商行业优秀活动图视觉文案案例

【分析】：

　　汽车电商行业的活动图一定要将最有利的卖点展示出来，最好将活动对消费者的好处体现出来，这样才能引起消费者的兴趣。

4．首页

　　在如今的电商市场，汽车行业并不像家纺、服装、食品等行业做得那么成熟，并没有能直接付款的网站，只能通过第三方网站进行定金预付，试驾预约，二手买卖，报价、性能、车型的查询等，所以一般专门销售汽车的网站首页比较简单。下面来欣赏几则汽车电商行业首页视觉文案案例，如图9-25所示。

首屏：有简约的导航条、登录和注册按钮、城市选择列表，以及搜索栏，让消费者能快速搜索自己想要的车子，并且还有一张促销海报图

保障品质

为消费者推荐产品

消费者须知：包括买车指南、企业信息及联系电话等

▲ 图9-25　汽车电商行业首页视觉文案案例

【分析】：

图9-25所示的汽车电商行业首页视觉文案案例是简单版的，也是用得最多的一种类型，一般由导航条、车型搜索栏、品质保障承诺、推荐产品、买车指南即可做成一个简单的首页。

5.详情页

汽车电商行业的详情页没有其他行业的美观，但是很简洁，细节比较多。下面来欣赏几则汽车电商行业详情页视觉文案案例，如图9-26所示。

产品主图＋基本信息：将产品的品牌、名称、车型等基本的信息放置在第一屏上，让消费者初步了解车子

底价走势

走势平缓，可以放心购买

价格走势：将最近一段时间的价格波动用图表的形式体现出来，即利用数据进行推广

参数配置

2015款 德德Q5	40TFSI 进取型	35TFSI 标准型	40TFSI 技术型	40TFSI 舒适型
基本信息				
发动机	L型/165kW	L型/132kW	L型/165kW	L型/165kW
变速箱	手自一体	手动	手自一体	手自一体
排量	2.0L	2.0L	2.0L	2.0L
环保标准	国5	国4 国5	国5	国5
燃油	汽油97号	汽油97号	汽油97号	汽油97号
综合工况油耗	8.4L/100km	8.2L/100km	8.4L/100km	8.4L/100km
车门数	5	5	5	5
座位数(座)	5	5	5	5

配置参数：以表格的形式将车子的配置参数进行详细讲解，使消费者进一步了解产品

车型图片

官方图 | 外观 | 内饰 | 空间

车型图片：车型图片的展现以轮播式为宜，这样可以节约页面空间，减少消费者打开页面的时间，并且便于消费者浏览

底价承诺
底价凭证确保您到店能以凭证底价购买。如果买车后发现您的成交价不是当期4S店最低，惠买车将额付您5000元。

省时省心
不用再东奔西走接接软价了，在惠买车足不出户即可获得多家4S店底价，选择最满意的一家直接到店提车超方便。

订金随时退
如果没有一个底价让您满意可退订金，如果看车试驾不满意可退订金，如果对4S店服务不满意可退订金，不买车订金随时退。

保护隐私
只有您认可了满意的底价，决定了要去指定4S店买车，才会与对应销售顾问相互取得联系方式，让你免受其他的电话骚扰。

认证商家
惠买车的合作经销商全部为正规4S店，入驻时会严格的审核厂家经营许可证，并且需要签订合作经销减债服务协议。

服务顾问
惠买车将为您安排专属的服务顾问，协助您快速买到最便宜的车，买车过程中有任何问题，都可以向服务顾问寻求帮助。

购买须知：购买须知是给消费者以购买前的知情权，让消费者知道他们在购买产品时会享受的服务

PK图：将不同的买车途径进行对比PK，让人很容易比较出两种产品的优劣，一目了然

要求关注：给网站增加粉丝

为什么要预付订金？

预付订金后，经销商才会认为您是一个买车意愿非常强烈的客户，才愿意去和其他商家竞争报出更低的**真实成交价**。

✓ 订金支付到
惠买车

✓ 买车时
订金抵车款

✓ 不想买车
订金随时退

解释预付订金：告诉消费者为什么要预付订金，以及预付订金之后对消费者有利的保障

车主分享：用真实的例子以及其他消费者的评价、买家秀引起消费者的购买欲望

三维展示：以三维图来诠释汽车内部空间的舒适性，可以突出产品的特点

养车费用：以图表的形式进行养车费用分析，进一步告诉消费者此汽车与其他车型之间的差别

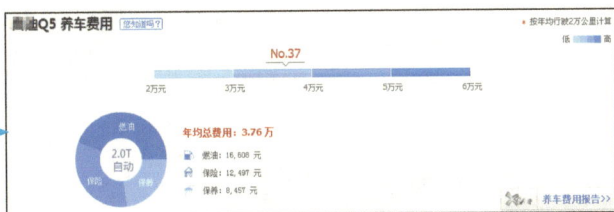

▲ 图9-26　汽车电商行业详情页视觉文案案例

【分析】：

汽车电商行业详情页的界面普遍都做成简洁的风格，便于产品在视觉上的呈现，并且汽车的购买方法、配置参数、车型图片、细节图、产品主图都是需要放置在详情页上的。

详情页上的细节图最好还要展示出以下5类细节，如图9-27所示。

说明细节图个数：告诉消费者细节图的个数，是给消费者打预防针，避免消费者看到中途因为厌烦就退出详情页，减少跳失率。一般需要附上关于外观的细节图，如轮胎、车门、油箱盖、排气管、雷达探头、车窗玻璃、雨刮器、后视镜、行李架等

发动机舱的细节：一般需要附上关于发动机舱的细节图，如引擎盖的开启方式和支撑方式、隔音棉、玻璃水注入口等

前排：在详情页细节图中，一般需要附上关于前排的细节图，如方向盘、中控区、手刹、排挡杆、安全带、遮阳板化妆镜、天窗、烟灰缸、前排座椅等

后排的细节：一般需要附上关于后排的细节图，如储物空间及其扩展和开关的方式、照明设施、逃生装置、备胎等

▲ 图9-27 汽车电商行业详情页细节图视觉文案案例

【分析】：

汽车行业的细节图最好是越详细越好，这样才能让消费者充分了解汽车的信息，如果消费者喜欢这款车型，在了解了这款车的所有信息后，很容易产生购买欲望。